Richard Wurmbrand · Leid und Sieg

RICHARD WURMBRAND

„LEID UND SIEG"

DIE RÜCKKEHR NACH RUMÄNIEN

Stephanus Edition Uhldingen

Alle Rechte bei
LITERA PRINT AG; CH-8280 KREUZLINGEN
Copyright © 1991
1. Auflage 1991

Alle Rechte der Verbreitung, auch durch Funk,
Fernsehen, fotomechanische Wiedergabe, Bild- und Tonträger jeder Art und auszugsweisen Nachdruck, sind
vorbehalten.

ISBN 3-922816-06-1

Hergestellt für Stephanus Edition Verlags GmbH
D-7772 Uhldingen/Bodensee
Postfach 1160
Aus dem Amerikanischen von Torence Klee
Titelbild: Werner Kentner
Druck: Ebner Ulm

VORWORT DES AUTORS

Als ich „Gefoltert für Christus", mein erstes Buch, das ich im Westen schrieb, vorstellte, waren sich die Verleger in verschiedenen Ländern in ihrer Ablehnung einig.

Sie gaben verschiedene Gründe an.

„Kommunismus kann nicht so grausam sein, wie es Wurmbrand beschreibt."

„Er ist vierzehn Jahre im Gefängnis gewesen. Sein Geist funktioniert nicht mehr gut."

„Er ist durch die Dinge, die er erlebt hat, für sein Leben gebrandmarkt und kann nicht mehr objektiv denken."

„Selbst wenn alles, was er gegen den Kommunismus sagt, wahr wäre, ist es nicht weise, ihn durch die Enthüllung solcher Dinge aufzuhetzen. Wir würden die Dinge nur schlimmer machen. Diplomatie ist Frontalangriffen vorzuziehen."

Manche Verleger sagten gerade heraus: „Ihr Buch würde sich nicht verkaufen."

Aber „Gefoltert für Christus" ist seitdem in 63 Sprachen übersetzt worden und seine Auflagezahl hat viele Millionen erreicht. (Da ich keine Autorenanteile beziehe, kenne ich die genauen Zahlen nicht.)

Als Folge dieses Buches und anderer, die ich schrieb, entstanden in allen Erdteilen christliche Ost-Missionen, und die verfolgten Gemeinden erhielten schätzenswerte Hilfe in Form von Bibeln, christlicher Literatur, Radiosendungen und Unterstützungen für die Familien von christlichen Märtyrern. Auch wurden Kommunisten durch unsere Aktivitäten in Ost und West bekehrt. Christen, die unter Verfolgung durch Moslems und Hindus standen, ebenso wie andere in der freien Welt, von Mitgliedern ihrer eigenen

Familien verfolgt, dankten uns dafür, ihnen heroische Beispiele außerordentlichen Mutes in der Unterdrückung gegeben zu haben. Von den Helden der Kirche im Untergrund erhielten sie die Kraft, ihr eigenes Kreuz zu tragen.

1989/90 veränderte sich die Situation in Rumänien und im gesamten Ostblock radikal. Ich glaube, daß die „Hilfsaktion Märtyrerkirche" und ihre Schwesterorganisationen in der „Internationalen Christlichen Mission für die Kommunistische Welt", bei diesem Umsturz eine Hauptrolle spielten. Als Ergebnis konnte ich nach fünfundzwanzig Jahren erzwungenen Exils Rumänien, das Land meiner Geburt, wieder besuchen.

Dieses Buch wurde als Fortsetzung von „Gefoltert für Christus" geschrieben. Es erzählt die Geschichte jener, die nach langer Verfolgung und Bedrängnis wegen ihres Glaubens nun in Christus triumphieren können.

* * *

Ein Bruder, der von der kommunistischen Polizei in schrecklicher Weise gefoltert worden war und mit mir dieselbe Gefängniszelle teilte, erzählte mir von folgendem Ereignis:

„Ich sah einmal eine eindrucksvolle Szene in einem Zirkus. Ein Scharfschütze wollte seine Geschicklichkeit beweisen. In der Arena stand seine Frau mit einer brennenden Kerze auf dem Kopf. Aus einiger Entfernung schoß er auf die Kerze, so daß sie herunterfiel, und seine Frau dabei unversehrt blieb."

Ich fragte sie später: „Hatten Sie Angst?" Sie antwortete: „Warum sollte ich? Er zielte ja auf die Kerze und nicht auf mich."

„Als ich gefoltert wurde, habe ich darüber nachgedacht. Warum sollte ich mich vor den Folterern fürchten? Sie schlugen nicht mich, sie schlugen meinen Körper.

Mein ICH, mein wirkliches Wesen, ist Christus. Ich saß mit ihm in himmlischen Gefilden. Diese, meine wahre Person, konnten sie nicht berühren."

All die Jahre erzwungenen Exils habe ich, mit den Bildern solcher Helden des Glaubens im Herzen, durchlebt. Jetzt, bei meiner Rückkehr in die Heimat, bin ich unter den Christen, die ich traf, wieder diesem Geist begegnet. Mein Ziel im Schreiben dieses Buches ist, auch anderen zu helfen, in solche Höhen emporzusteigen.

Richard Wurmbrand

Ein kommunistischer Polizeibeamter als Prophet

Nach acht Jahren in den Gefängnissen des kommunistischen Rumäniens wurde ich entlassen. Doch nur für kurze Zeit. Ich hatte die Prüfung nicht bestanden. Nach Meinung der Kommunisten waren meine Predigten nach der Freilassung ebenso schlimm, wie die vor meiner Verhaftung. Die Gehirnwäsche, der ich im Gefängnis unterzogen worden war, war wirkungslos geblieben. Mein Geist beherbergte immer noch dieselben „falschen" religiösen Ideen.

Es gab nur eine Lösung: Mich ins Gefängnis zurückzuschicken. Und zwar diesmal verurteilt zu 25 Jahren, obwohl ich in der Folge nur sechs Jahre Haft verbüßte. Insgesamt verbrachte ich 14 Jahre im Kerker.

Hauptmann X von der rumänischen Geheimpolizei „Securitate", der mich bei meiner zweiten Verhaftung zu untersuchen hatte, war ein abtrünniger Christ, der in einem Heim tiefer Gläubigkeit aufgewachsen war. Nun verwendete er die Peitsche, um die Kinder Gottes davon zu überzeugen, daß sie Unrecht hatten.

Aus irgendeinem unbekannten Grund war er mir gegenüber freundlich. Auf die Gefahr hin seine eigene Freiheit zu verlieren, wenn dieses Gespräch von anderen abgehört würde, flüsterte er mir am ersten Tag zu: „Meine Vorgesetzten haben mit Ihrer Verhaftung einen schrecklichen Fehler begangen. Am Anfang waren Sie noch ein unbekannter Pastor in einer kleinen Kirche. Dann inhaftierten wir Sie für acht Jahre und verwandelten Sie in eine national bekannte Persönlichkeit. Nun kennen Sie alle rumänischen Christen, und Sie sind in ihren Augen ein Held geworden.

Ihre Wiederverhaftung wird Sie zur international bekannten Persönlichkeit machen. Man geht Ihnen gegenüber falsch vor."

Obwohl er ein Feind des Evangeliums war, äußerte er ebenso wie Kaiphas der Hohepriester, der Jesus zum Tode verurteilte, eine Prophezeihung (Joh. 11:50).

Als ich 1964 nach einer zweiten gekürzten Haft von sechs Jahren in kommunistischen Kerkern wieder freigelassen wurde, durfte ich Kirchen nicht einmal besuchen. Die Pastoren der Gemeinden, wo ich an Gottesdiensten teilnahm, wurden von den Kommunisten bedroht: „Lassen Sie Wurmbrand nicht Ihr Gebäude betreten – sonst...!"

Ich hatte keine andere Wahl, als das Land zu verlassen, was ich schließlich im Dezember 1965 zusammen mit meiner Frau Sabina und meinem Sohn Mihai tat.

Seit 25 Jahren sind wir nunmehr erzwungene Exilanten. Während dieser Zeit hat das kommunistische Rumänien nie aufgehört, mich in seiner Presse als Erzfeind zu denunzieren. Dies in erster Linie wegen meiner Bücher, die ihre Aktivitäten bloßstellten und wegen meiner Beteiligung an der „Christlichen Mission für die Kommunistische Welt".

Gott hat mich dazu verwendet, diese Mission zu gründen, die sich die Hilfe der Verfolgten und die Verbreitung des Evangeliums in Ländern, die atheistischen Diktaturen unterworfen sind, zum Ziel gesetzt hat.

Ich konnte Bücher schreiben, die in über 60 Sprachen übersetzt wurden. Seit mehr als zwei Jahrzehnten habe ich im Dienste dieser Mission, die sich auf alle Kontinente ausgedehnt hat, Reisen in die ganze Welt unternommen und gepredigt. In der Tat bin ich international bekannt geworden.

Die Prophezeihung dieses Hauptmanns ist erfüllt worden.

Rückkehr im Triumph

Die Kameradschaft von Brüdern und Schwestern aller Nationen und Glaubensbekenntnisse schätze ich sehr, aber dennoch habe ich mich im Herzen stets nach meinem rumänischen Vaterland, dem Land, in dem ich zweimal geboren wurde, gesehnt.

Patriotismus ist heute nicht besonders in Mode. Jesus lehrte uns, selbst unsere Feinde zu lieben. Wie könnte einer dies tun, wenn er nicht sein eigenes Heimatland zuerst liebt? Und so war, wo immer ich auch hinreiste, das Herz, das in meiner Brust schlug, das blutende Herz meines Landes und der unterdrückten rumänischen Kirche.

Es schien, als gäbe es keine Hoffnung, sie jemals wiederzusehen, außer im Himmel, wo die große Wiedervereinigung stattfinden wird. Ohne Hoffnungen auf dieser Erde, hofften meine Frau und ich der Hoffnungslosigkeit zum Trotz und sahen unsere Hoffnungen erfüllt. Innerhalb weniger Tage stürzte Gott die blutige Diktatur Ceausescus. Er und seine Frau wurden getötet. Endlich konnte ich in meine geliebte Heimat zurückkehren.

Meine Frau Sabina und ich bestiegen das Flugzeug in Zürich. Wir waren nicht sicher, ob uns die Einreise erlaubt würde. Wenige Tage vor unserer Abreise hatten der rumänische König Michael I. und Königin Anna versucht zurückzukehren. Obwohl sie von den Rumänen , die natürlich nicht gefragt wurden, sehr geliebt sind, verweigerten ihnen die Roten die Einreise.

Sie waren auf dem Flughafen von Zürich angehalten worden. Die neue rumänische Regierung, die sich als demokratisch brüstet, untersagte es dem König und der Königin, Stolz der rumänischen Nation, ihr eigenes Land zu besuchen, in welchem die Kommunisten als Marionetten der Sowjetunion die Eindringlinge waren.

Bei einem zweiten späteren Versuch, Rumänien zu betreten, wurden sie mit Gewalt aufgehalten und wieder ins Ausland abgeschoben.

Die neue Staatsmacht Rumäniens, der Iliescu als Präsident voransteht, besteht nach wie vor nahezu vollständig aus Kommunisten – „Reform"-Kommunisten gewiß, aber immer noch Kommunisten. Ein gezähmter Wolf ist immer noch ein Wolf.

Eine Stewardess unterbrach unsere Träumereien: „Würde sich der Passagier Richard Wurmbrand bitte identifizieren?" Mein Herz sank. Wir dachten, daß wir mit Sicherheit das Flugzeug verlassen müßten.

Zu unserer großen Überraschung und Erleichterung hatten unbekannte Freunde, die irgendwoher gehört hatten, daß wir auf diesem Flug sein würden, uns eine Schachtel Konfekt und eine wundervolle Botschaft des Ansporns geschickt.

Etwa zwei Stunden später hörten wir die beinahe unglaublichen Worte: „Bitte schließen Sie Ihre Sicherheitsgurte und bereiten Sie sich auf die Landung in Bukarest, der Hauptstadt Rumäniens, vor".

Es mag sie interessieren, warum die Stadt diesen Namen trägt. Meine Enkelin Amalie gab einmal folgende Erklärung: „Rumänien ist ein kommunistisches Land. Erwischt man Dich dort mit einem christlichen BUCH – ARREST folgt sogleich."

Als wir in Rumänien ankamen, genau ein Viertel Jahrhundert, nachdem wir es verlassen hatten, war diese Erklärung nicht mehr gültig. Die Mission der ich angehöre und viele andere Missionen überqueren nun die Grenze mit Wagenladungen christlicher Literatur. Unsere Organisation hat sogar unmittelbar in Bukarest eine große Druckerei eingerichtet, wo wir hoffen, in naher Zukunft Bibeln und andere Bücher herstellen zu können.

Die Druckerei-Einrichtung selbst hätte uns ein Vermögen gekostet, das wir nicht haben. Aber die Druckerei der kommunistischen Partei Westdeutschlands ging pleite und ihre Maschinen wurden versteigert. Und so erhielten wir diese erstklassige Maschinerie zu einem spottbilligen Preis. Die rumänischen Bibeln werden auf Maschinen gedruckt werden, die zuvor atheistische Literatur gedruckt hatten!

Wir richteten auch das erste christliche Buch- und Video-Geschäft ein.

Die Engel und Jesus sehen

Endlich waren wir in Rumänien. Meine Gefühle übermannten mich. Ich küßte die Erde.

Als ich nach Westeuropa und Amerika zurückkehrte, fragten mich viele, wie es jetzt dort ist. Wie es ist, weiß ich nicht. Ich kann nur sagen, was ich gesehen habe. Der Beobachter ist ein Teil der beobachteten Realität. Die Schönheit ist im Auge des Betrachters. Wenn einer ein einfältiges Auge hat (Matthäus 6:22) und mit Taubenaugen sieht (Hohelied des Salomo 1:15), wird er die Dinge anders sehen als der, der sie nur mit normalen Augen betrachtet.

Als Petrus und Johannes von dem Gerücht hörten, daß Jesus auferstanden sei, liefen sie zum Grab, gingen hinein und sahen die Binden liegen und das

Schweißtuch, sonst nichts. Da gingen die Jünger wieder heim (Johannes 20:7).

Augenblicke später blickte Maria Magdalena in dasselbe Grab und sah zwei Engel. Wie ist es möglich, daß die Jünger sie nicht sehen konnten?

Magdalena war nicht damit zufrieden, nur Engel zu sehen. Sie dachte sich, „wo Engel sind, muß es noch viel bessere Dinge zu sehen geben". Sie tat nichts mehr, als daß sie ihren Kopf wendete. Und so sah sie den Auferstandenen.

Ich ging nach Rumänien, um Engel und Jesus zu sehen. Sie sind meine erste Liebe. Warum soll ich meine Zeit mit geringeren Wesen verbringen?

Und so sah ich engelhafte Wesen und Jesus, zusammen im Beisein seiner Heiligen.

Eine Trauer nur – kein Heiliger zu sein

Ganze 25 Jahre waren vergangen, seit wir Rumänien verlassen hatten. Eine Stimme flüsterte in unsere Ohren: „Warum nicht die Hoffnung aufgeben? Vielleicht wird sich niemand mehr an Euch erinnern".

Wir hätten kaum jemals die Menschenmenge vorausahnen können, die sich aus vielen Städten nah und fern versammelt hatten, um uns willkommen zu heißen! Unsere Freude und unser Erstaunen kannten keine Grenzen.

Die erste Person, die ich sah, war mein ehemaliger Zellengenosse Nicolaie Moldowanu von der „Armee des Herrn", einer rumänischen Version der Heilsarmee, aber ohne Uniformen und Musikkapellen. Wir waren in derselben Zelle, in dem jahrhundertealten Gefängnis von Gherla gewesen.

Die Zustände dort waren sehr hart. Von Zeit zu

Zeit schrien die Wärter: „Jeder legt sich auf den Bauch!" Es war Winter. Wir hatten keine Pullover, geschweige denn Mäntel. Der Boden war aus kaltem Beton ohne auch nur ein bißchen Stroh zum Wärmen. Wir durften keinen Laut von uns geben.

Gefangene verfluchten die Brutalität der Wärter. Nicht aber Moldowanu. Er glaubte, daß es besser war, Gott zu loben, als die Kommunisten zu verfluchen. Als es uns endlich erlaubt wurde, aufzustehen, sagte er mit einem wunderschönen Lächeln auf seinen Lippen: „Laßt uns die Umgebung vergessen. Ich singe Euch ein Lied vor, das ich eben komponiert habe, als ich auf meinem Bauch lag." Es war eine Hymne voller Freude, Hoffnung und Lobpreisung. Sie wird nun in vielen Ländern gesungen.

Ich erinnere mich dabei an den orthodoxen Priester Ghiusch, mit dem ich zusammen im Jilava-Gefängnis in der Nähe von Bukarest war. Das gesamte Gefängnis ist unterirdisch, ohne ein Gebäude, durch welches es von außen identifiziert werden könnte. Kühe grasen über den unterirdischen Zellen.

Ich war damals im achten Jahr meiner Gefangenschaft und hatte mich an alles gewöhnt. Aber eines Tages wurde eine ganze Gruppe von Neuen, alle orthodoxe Priester, hereingebracht. Von Zeit zu Zeit riefen die Wärter: „Alle Priester auf den Korridor!" und verprügelten diese.

Ich setzte mich in die Nähe des Priesters Ghiusch, den ich in der Freiheit gekannt hatte. Meine Absicht war, ihm Trost zu spenden. Ich fragte: „Bist Du traurig?" Er hob den Blick wunderschöner Augen zu mir und antwortete: „Ich kenne nur eine Trauer, die, kein Heiliger zu sein."

Moldowanu war dieselbe Art Mann. Was für eine

Ehre war es für mich, seinen Bruderkuß zu empfangen. Ich fühlte mich nicht einmal würdig, seine Schuhbänder zu lösen.

Heilige Küsse

Ich erhielt am Flughafen viele Küsse.

Küsse sollten eine vorrangige Rolle in der Kirche Christi spielen. Es steht geschrieben: „Grüßt Euch untereinander mit dem heiligen Kuß" (Römer 16:16), nicht mit einem kalten Handschlag, einem „Wie geht's", „Hallo" oder andere solche Worte, die nichts bedeuten.

Jesus selbst sehnt sich nach unseren Küssen. Steht es nicht geschrieben: „Küsse den Sohn"? (Psalm 2:12) Mit weniger ist er nicht zufrieden.

Eines abends war er im Hause eines Pharisäers namens Simon, der ihn zum Abendmahl geladen hatte. Auf dem Tisch waren ohne Zweifel schöne Blumen, ausgewählte Speisen und Weine. Jesus sah sie an und sagte voll Trauer: „Ich bin in Dein Haus gekommen und Du hast mir keinen Kuß gegeben". Dies war es, was er ersehnt hatte.

Im Neuen Testament ist das Wort für Verehrung in der altgriechischen Fassung proskuneo, was einen Kuß der Verehrung bedeutet.

Als Jesus auf der Erde war, war es leicht ihn zu küssen. Die Jungfrau Maria muß ihn unzählige Male geküßt haben. Aber wie können wir ihn heute küssen?

Während meiner Gefängniszeit bekam meine Frau mehr Küsse von mir als heute, wo Telefon und Termine viele Küsse verhindern.

Aber das Küssen ist nicht so sehr die Berührung

von zwei Lippenpaaren, als das Zusammenkommen zweier liebender Herzen.

Unversengt vom Feuer

Ich wurde auch von Constantin Caraman geküßt, der einer der wichtigsten Kontaktpersonen unserer Mission mit den Kirchen im Untergrund gewesen war. Durch ihn konnten wir den Familien der Verfolgten viel Linderung zukommen lassen.

Auch er war dreimal im Gefängnis gewesen. Er hatte – genauso wie meine Frau – als Arbeitssklave bei dem Bau eines Kanals gearbeitet, der die Donau und das Schwarze Meer verbinden sollte.

Welch ein Ort der Grausamkeit war dies gewesen! Ein Gefangener wurde beim Diebstahl von 20 Zwiebeln ertappt, die er mit den anderen teilen wollte, damit sie das geschmacklose Essen hinunterschlucken könnten: Hafer im Wasser gekocht, ohne Salz und ohne Fett. Der Aufseher stellte den Gefangenen vor die Wahl: entweder 25 Schläge auf die Sohlen seiner Füße oder die Zwiebeln ohne Salz und Brot aufzuessen.

Er entschied sich für Zweiteres.

Tränen strömten aus seinen Augen, die anschwollen und ihn wie einen Frosch aussehen ließen. Am Ende war er von Krämpfen geschüttelt.

Ein Konvoi weiblicher Gefangener wurde von ihren Baracken zum Arbeitsplatz getrieben. Auf dem Weg sahen sie das Aas eines Hundes. Eine Frau zerschlug dessen Schädel mit einem Stein. Die anderen sprangen herbei, um von seinem Gehirn zu essen. So groß war der Hunger nach Protein.

Manchmal wurden Pferde verwendet, um Waggonladungen von Steinen zu befördern. Die Gefangenen suchten sich Würmer aus ihrem Kot und wuschen sie. Sie stellten wertvolles Protein dar.

Ich blickte in das strahlende Gesicht von Caraman, dem ehemaligen Sklavenarbeiter. Er hatte ein triumphierendes und liebevolles Lächeln auf seinen Lippen. Wenn man ihn beobachtete, hätte man niemals erraten, was er durchgemacht hatte.

Im alten Babylon wurden drei jüdische Jugendliche in einen feurigen Ofen geworfen, weil sie es verweigert hatten, sich vor einem Götzenbild zu verbeugen und kamen aus dem Feuer hervor, ohne auch nur den Geruch von Feuer an sich zu haben. So war es auch bei Caraman und einer großen Zahl anderer ehemaliger Gefangener, die ich traf.

Ein verurteilter Taschendieb

Da war Bruder X. Ich hätte ihn nach 25 Jahren nicht erkannt. Aber er erinnerte mich, wer er war: Ein ehemaliger Taschendieb, mit dem ich zusammen im Gefängnis war. Er war für Christus gewonnen worden, als ich in einer Zelle voll gewöhnlicher Gefangener über die Liebe Jesu zu Dieben predigte.

Weit davon entfernt sie zu verabscheuen, ging Jesus so weit, sich selbst mit einem Dieb zu vergleichen, der in der Nacht kommt, wenn die Bewohner des Hauses ihn nicht erwarten. Noch mehr, er verwendet Diebe als Modelle für ehrliche Männer. Er lobt Diebe in seiner Bergpredigt dafür, daß sie gut zueinander sind.

Nun lachten wir, als wir uns daran erinnerten, wie ich einmal in meiner Zelle mit meinen Schuhen an den Füßen einschlief und eben aufwachte, als er versuchte, sie mir auszuziehen. Zur damaligen Zeit war ich von seiner Güte bewegt, in der Annahme, daß sich sein Wunsch darauf richtete, mir besseren Schlaf zu ermöglichen. Ganz im Gegenteil! Er hatte Würfel gespielt und meine Schuhe waren der Einsatz. Nachdem er gewonnen hatte, drückte er seine Überraschung darüber aus, daß ich ihn nicht als ihren rechtmäßigen Eigentümer anerkannte.

Da war auch Vasile Rascol, den ich von Kindheit an kannte. Sein Verbrechen war die Verbreitung von heimlich ins Land geschmuggelten Bibeln. Jetzt arbeitet er mit uns bei der Einrichtung einer Druckerei, wo Bibeln und andere Bücher in Freiheit gedruckt werden können.

Meine Kinder in Rumänien

Leider kann ich nicht von jedem, den ich in der Menge kannte, erzählen. Aber ich muß zumindest einige wenige Worte über meine Kinder sagen.

Alle meine Freunde im Westen wissen, daß ich einen Sohn, Mihai, habe. Er war der einzige von dem ich sprach und schrieb, weil er mit uns emigriert war.

Aber er ist nicht mein einziger Sohn. Auf dem Flughafen wartete Sandu. Da er in Rumänien geblieben war, konnte ich ihn niemals erwähnen. Ich wollte ihn nicht in Gefahr bringen.

Vor vielen Jahren hatte ich einen Christen begraben, der zwei kleine Kinder hatte. Da seine Witwe sehr arm war, nahm ich ein Kind in mein Heim und es ging nie mehr fort. Er wurde Mihais Bruder. Da er ein Adoptivkind war, wurde es ihm von den Kommunisten nicht erlaubt, mit uns das Land zu verlassen. Heute ist er verheiratet, und ich konnte seine Frau Sylvia und ihre Kinder kennenlernen.

Ich konnte meine Enkelin Doina, die ich niemals gesehen habe, umarmen. Sie ist verheiratet und hat ein Kind, meinen Urenkel. Ich umarmte auch meinen Enkel Richard, der nach mir benannt ist.

Richard war in den letzten Tagen des Ceausescu-Regimes verhaftet worden und erwartete erschossen zu werden. In seiner Zelle dachte er: „Nun, ich gehöre zur Wurmbrand-Familie. Gefängnis und Verfolgung sind ihr Schicksal". Als er, wie er glaubte, zur Hinrichtung aus seiner Zelle geführt wurde, erlebte er eine unglaubliche Überraschung.

„Ceausescu ist erschossen worden", wurde ihm gesagt. „Du kannst nach Hause gehen."

Dann war da auch Lenutza. Einmal, als ich in meinem Büro saß, trat ein dreizehnjähriges Mädchen ein, scheu, ärmlich gekleidet, sehr dünn und blaß.

„Sind Sie Pastor Wurmbrand?" fragte sie.

„Ja."

„Dann sind Sie von nun an mein Vater. Mein eigener Vater ist ein Alkoholiker und hat uns im Stich gelassen. Meine Mutter bringt ständig irgendeinen anderen Mann nach Hause, der mich schlägt und mir nachjagt. Ich habe gehört, daß Sie ein guter Mann sind, also will ich Ihre Tochter sein."

Ich rief meine Frau aus der Küche. „Beglückwünsche Dich! Du hast einem Kind ohne Geburswehen das Leben geschenkt. Hier ist unsere neue Tochter."

Auch sie blieb in unserem Heim. Kurze Zeit nach meiner Entführung durch die Kommunisten 1948, bereitete meine Frau anstatt über ihr Unglück nachzubrüten, eine wunderbare Hochzeit für Lenutza.

Auch sie war am Flughafen, zusammen mit ihrem Mann Gheorghe, ihrer Tochter Cornelia und ihrem Enkel, für mich ein anderer Urenkel.

Wir hatten sechs andere Kinder, Kriegswaisen, die

wir als unsere eigenen angenommen hatten, obwohl es unter dem kommunistischen Regime nicht möglich gewesen war, sie rechtmäßig zu adoptieren. Es gab genügend Freude und Lärm in unserer Zwei-Schlafzimmer-Wohnung. Wir mußten niemals zu unserem Vergnügen in den Zirkus oder ins Kino gehen. Wir hatten genügend Unterhaltung zuhause.

Alle diese sechs Kinder wurden an einem Tag getötet. Die Umstände zu enthüllen, würde gleichzeitig bedeuten, einige zu beschuldigen, deshalb will ich es unterlassen..

Große Trauer ist mir von Kindheit an eine treue Begleiterin gewesen. Sie lehrte mich, in der Bedrängnis zu frohlocken. Auch in der freien Welt ist sie bei mir. Meine Frau und ich leiden hier mehr, als wir jemals unter den Nazis und Kommunisten gelitten haben.

Die Politik des freundlichen Lächelns

Am Flughafen begannen wir alle zu singen und wurden von Moldowanu auf der Ziehharmonika begleitet. Ich bin mir sicher, daß die Engel an dieser freudigen Wiedervereinigung teilgenommen haben. Polizeibeamte der Securitate (des gefürchteten kommunistischen Organs der Unterdrückung) standen dabei. Sie sind immer noch an der Macht, tragen dieselben Uniformen, aber sie sind durch die Aufstände des Dezember 1989 gelähmt worden, die ihren Boß Ceausescu gestürzt haben.

Nach dem Singen folgten Reden, und die Brüder Neureder und Wieser von unserer deutschen Mission, die eigens zu diesem Ereignis gekommen waren, nahmen alles auf Videofilm auf.

Eine größere Zahl von Einzelpersonen aus dieser Menge ging zu einem intimen Treffen in ein Haus am Universitätsplatz. Vom Fenster aus konnten wir die vielen Tausenden sehen, die Tag und Nacht gegen die Regierung demonstrierten.

Der Platz war zur nichtkommunistischen Zone erklärt worden, wo sich die Versammelten weigerten, die Behörden anzuerkennen. Zelte waren für etwa 20 in den Hungerstreik Getretene (einer davon am 36. Tag) aufgestellt worden, die die Demission der Regierung forderten. Einige der Demonstranten, überwiegend junge Leute, sangen eine Hymne: „Besser ein Taugenichts, als ein Kommunist". Dies war als Antwort an den Premierminister gedacht, der sie als solche bezeichnet hatte. Von einem Balkon aus wurden von Führern der Opposition Reden geschwungen.

Die Aversion gegen den Kommunismus war verständlich, aber es war nicht weise, diese in eine politische Plattform zu verwandeln. Die kommunistische Partei hatte vier Millionen Mitglieder. Zusammen mit der Mitgliedschaft in der kommunistischen Jugend und mit ihren nahen Verwandten waren sie etwa 10 Millionen, also die große Mehrheit der Wähler in einem Land mit nur 20 Millionen Einwohnern.

Anstatt zu versuchen, die große Mehrzahl der Kommunisten für ihre Seite zu gewinnen, verschreckten die Führer der Opposition diese nur. Die Kommunisten dachten: „Wir werden alle leiden müssen, wenn die Opposition an die Macht kommt". Unkluger Antikommunismus sicherte den Erfolg der Kommunisten bei den Wahlen.

Jesus weiß am besten, was für die Politik richtig ist. Die Worte der Liebe für den Feind dienen dem Zweck besser als Äußerungen von Haß.

Es wäre leicht gewesen, die Herzen der Kommunisten zu gewinnen. Sie waren erschüttert von dem Bankrott ihrer Ideologie in den Nationen Osteuropas. Sie waren sowohl deprimiert als auch enttäuscht. Mit wenigen guten Worten erreichte Präsident Sadat von Ägypten große Zugeständnisse von Israel, nachdem fünf bittere Kriege nur zum schrecklichen Verlust von Menschenleben und von Territorien für die Araber geführt hatten.

Ich bin für die Politik der gütigen Worte und des freundlichen Lächelns in allen menschlichen Beziehungen.

Das hebräische Wort für „sagen" ist lesaper, das von dem Wort saper, was soviel wie Saphir bedeutet, abzuleiten ist. „Zu sagen" bedeutet auf Hebräisch „ein Juwel geben".

Wir sollten nur reden, wenn wir ein Juwel zu geben haben. Wenn ihr einander bereichern könnt, wenn ihr ein Juwel zu geben habt, redet. Wenn nicht, ist es besser, ihr laßt euren Mund zu. Wenn diese einfache hebräische Regel respektiert würde, gäbe es keinen Familienstreit, keine Scheidung, keine politischen Spaltungen, keine Fehden in christlichen Gemeinden oder zwischen Einzelpersonen.

Der Umsturz des Kommunismus durch das Evangelium

Die Kommunisten haben in der rumänischen Nation großes Übel angerichtet, aber die meisten von ihnen wissen nicht, was sie getan haben. Sie haben keine Kenntnis der satanischen Wurzeln des Kommunismus, die ich in meinem Buch „Das andere Gesicht des Karl Marx" enthüllt habe. Viele sind der Partei nur wegen besserer Berufsmöglichkeiten oder einer höheren Ausbildung beigetreten. Sie hätten Mitleid finden müssen. Anstelle dessen wurden sie durch böse Verhaltensweisen abgehärtet.

Schließlich hatte der kommunistische Präsident Iliescu genug von den Demonstranten. Eines Tages wurden viele von ihnen angeschossen und verwundet. Über 1.000 wurden verhaftet.

Wie ist es möglich, daß der Kommunismus abgebröckelt ist, daß er, obwohl weit davon entfernt, den Krieg zu verlieren (China, die UdSSR, Kuba, Albanien, Angola, Kongo, Zimbabwe, Vietnam – also etwa ein Drittel der Menschheit – sind noch immer unter der Herrschaft der kommunistischen Einheitspartei), einige entscheidende Schlachten verloren hat?

Viele Jahre haben Politiker geglaubt, daß der Kommunismus nur durch nukleare Abschreckung besiegt werden könne. Sie mußten Milliarden und Aber-Milliarden Dollar ausgeben, um Atomwaffen zu erzeugen, und nun kostet es wieder Milliarden, sie als wertlos abzubauen. Andere glauben, wir müssen den Kommunismus als eine nicht änderbare Realität hinnehmen und uns damit zurechtfinden. Ihr Slogan war „Entspannung".

Der rumänische Diktator Ceausescu war ein Einzelgänger. Wie Tito spielte er das Spiel Kommunist zu sein, getrennt und uneinig mit Moskau, freundlich gegenüber dem Westen. Es wurde ihm sogar ein Titel beim britischen Hof verliehen. Aber er war ein Kommunist, genau wie alle anderen Diktatoren, nur einer anderen Färbung. Es gibt mehrere Arten von Tyrannen, genau wie es verschiedene Arten von Wölfen gibt, aber sie haben alle dieselben Hauptmerkmale.

Weder antikommunistische Rüstung noch das Hofieren der Kommunisten hat geholfen.

In all meinen Schriften und Reden habe ich etwas

anderes befürwortet: „Der Kommunismus unterwandert die freie Welt. Laßt uns den Kommunismus durch das Evangelium unterwandern und umstürzen. Laßt uns sie mit Liebe gewinnen. Christus hat uns gelehrt, die Sünde zu hassen, aber den Sünder zu lieben. Laßt uns, wenn nötig, mit geheimen Mitteln das Wort Gottes einführen. Laßt uns eine Armee von Kriegern des Gebetes errichten".

Allianz mit den Engeln

Weiter sagte ich, wir sollten uns über das Geheimnis des jüdischen Volkes Gedanken machen. Obwohl es nur wenige waren, mußten sie gegen mächtige Feinde kämpfen, um zu existieren. Am Ende haben sie alle ihre Feinde besiegt. Heute steht Israel der Feindschaft von hunderten Millionen Arabern gegenüber, die genausowenig erfolgreich sein werden, wie die mächtigen Römer, Inquisitoren oder Hitler.

Die Juden sind 3 % der Bevölkerung der Vereinigten Staaten. Sie sind 25 % ihrer Millionäre, aber auch ihrer Revolutionäre. Sie spielen eine enorm große Rolle in Wissenschaft und Kunst. Ein großer Prozentsatz der Nobelpreisträger sind jüdisch. Man würde es mir als zu starken Nationalstolz vorwerfen, wenn ich schreiben würde, wie unglaublich hoch dieser Prozentsatz ist.

Die Nation Israel, die zu den kleinsten gehört, ist jeden Tag in den Schlagzeilen. Ein Drittel der Welt erwacht nun von einem Alptraum, in welchem ein Jude – Marx – die Hauptrolle spielte. Der einzige, der sie vor diesem Alptraum retten kann, ist ein anderer Jude – Jesus.

Was ist das Geheimnis der Einzigartigkeit der jüdischen Nation? Man kann sagen, Gott hat es so gewollt und das ist wahr. Aber es gibt ein Ereignis in der jüdischen Geschichte, durch welches dies besonders gezeigt wird.

Jakob, Urahn meines Volkes (ich bin Jude), kämpfte gegen einen Engel und siegte (1. Buch Mose 32:28). Mit einem Menschen auf ihrer Seite ist eine Kolonie von Ameisen in ihrem Kampf gegen andere Ameisen unbesiegbar. Mit wenigen Fußtritten kann der Mann den Feind zerstören. Genauso wird sich eine Nation, oder eine christliche Gemeinde mit einem Engel auf ihrer Seite am Ende als unbesiegbar erweisen.

Jeder von uns hat einen Schutzengel. Wie können zwei zusammengehen, wenn sie sich nicht einig sind? (Amos 3:3). Es war eines der größten Erlebnisse meines Lebens, meinen Schutzengel kennenzulernen. Viele Christen arbeiteten zusammen mit ihren Schutzengeln, um den Kommunismus zu besiegen. Lernt von ihnen und tut dasselbe!

An manchen Stellen werden Engel mit Flügeln beschrieben. Sie sind notwendig für die Verständigung zwischen den Menschen und einem entfernten Gott. Aber wenn Gott näher ist, sind Flügel nicht mehr notwendig. In der Vision Jakobs genügte es, daß die Engel eine Leiter hatten (1. Buch Mose 28:12). Für einige ist nicht einmal eine Leiter notwendig. Der Engel des Herrn umgibt sie (Psalm 34:8). Er bleibt ihnen stets zur Verfügung.

Die „Christliche Mission für die Kommunistischen Welt" und andere ähnliche Organisationen, die ihrem Beispiel gefolgt sind, haben sowohl im Geistigen als auch im Praktischen hart gearbeitet. Engel standen uns bei. Unsere Gebete kamen zu den Gebeten und Opfern zahlloser Märtyrer hinzu.

Und so geschah es, daß die Mauern des Kommunismus einstürzten.

Wie die Revolution begann

Ein rumänischer Bischof, einer von vielen, die zu Handlangern der Kommunisten wurden, entließ den reformierten Pastor Tökes von Timisoara wegen seiner wahrheitsgetreuen Predigten. Als Tökes von seinem Heim und seiner Kirche vertrieben werden sollte, versammelte sich eine Schar von Christen aller Bekenntnisse und mehrerer Nationalitäten um sein Haus und versperrte der Polizei den Weg.

Die Zahl der Demonstranten wuchs. Als sie sich aufmachten, ihren Marsch in Richtung des Stadtzentrums fortzusetzen, wurde die Armee gerufen, um sie aufzuhalten. Die Soldaten begannen zu schießen und bald gab es viele Tote und Verwundete.

Kleine Kinder versammelten sich auf den Stufen der Kathedrale und sangen religiöse Hymnen. Wieder feuerten die Truppen und einige Kinder starben. Die übrigen suchten Zuflucht in der Kathedrale, aber die herzlosen Priester hatten das Heiligtum versperrt.

Dann geschah etwas Erstaunliches. Anstatt gegen die Armee zu kämpfen, kniete die gesamte Menschenmenge und betete. Dies war den Soldaten zuviel. Sie weigerten sich, weiter zu schießen.

Mittlerweile hatte sich die ganze Stadt versammelt. Pastor Dugulescu ergriff die Gelegenheit, um vom Balkon des Opernhauses aus alle Versammelten anzusprechen. Ein Gedicht von Konstantin Ioanid, „Gott existiert", wurde rezitiert. Die Menge rief: „Gott existiert!". Flugblätter mit dem Text waren verteilt worden. Einige, die die Musik kannten, begannen das

Lied zu singen, das zu dem Text komponiert worden war. Bald stimmten Tausende in das Lied ein und sangen es immer wieder. Es wurde das Lied der Revolution.

Dazu folgendes Erlebnis: Als mein Sohn Mihai, der damals vielleicht fünf Jahre alt war, mit uns eines Tages durch den Park spazierte, blieb er vor einem Mann stehen, der lesend auf einer Bank saß.

„Was lesen Sie da?" fragte er mit kindlicher Einfachheit.

„Eine Novelle."

„Es wäre besser, wenn Sie die Bibel lesen würden", sagte Mihai, „weil, wenn Sie ihr nicht folgen, kommen Sie in die Hölle".

„Was sind denn das für Worte?" fragte der Fremde.

„Sehen Sie dort hinter mir den großgewachsenen Mann mit der kleinen Frau? Sie sind meine Eltern. Fragen Sie sie und sie werden Ihnen alles sagen. Das ist eine sehr ernste Angelegenheit."

Neugierig geworden fragte der Mann tatsächlich. Es stellte sich heraus, daß er Mitglied einer bösartigen antijüdischen Organisation gewesen war. Durch das Zeugnis eines kleinen jüdischen Buben namens Mihai wurde er bekehrt und zu einem der besten christlichen Dichter Rumäniens.

Es war sein Lied, das nun zur Hymne der Revolution wurde.

Als es auch anderswo bekannt wurde, daß in Timisoara Unschuldige getötet worden waren (es ging das Gerücht, daß es Tausende waren), kam es an verschiedensten Orten zum Ausbruch spontaner Demonstrationen.

In der Hauptstadt Bukarest bildeten 13 Kinder, das älteste von ihnen 14 Jahre alt, mit ihren Körpern eine Barriere gegen die Truppen der Geheimpolizei, die ihren Weg nur fortsetzen konnte, indem sie sie ermordete. Die Kinder knieten nieder und riefen: „Bitte, tötet uns nicht!". Die Polizei beachtete dies nicht. Als die ersten fielen, liefen die anderen nicht weg, sondern knieten weiterhin mit augestreckten Armen voller Liebe und kindlichem Vertrauen gegenüber den Mördern, während sie sie weiterhin anflehten: „Bitte, tötet uns nicht!".

Ein Kreuz steht heute an der Stelle, wo die Kinder starben.

Bald entstand eine Legende in Rumänien. Es wird gesagt, daß Engel die Revolution herbeigeführt haben. Vom Himmel kommend hätten sie Eingang in die Kinderherzen gefunden und hätten ihnen heiligen Mut eingeflößt, wie ihn jene guten Engel hatten, die die Heerscharen Satans im Himmel besiegten. Der Märtyrertod dieser Kinder bedeutete den Sieg der Unbewaffneten gegen eine Armee.

Panzer und Truppen wurden zum Kampf gegen das Volk gerufen, aber umsonst. Die Soldaten hatten den Diktator genauso satt, wie das Volk. In Sibiu forderten zwei orthodoxe Priester, die auf Panzer gehoben wurden, alle auf, zum Gebet niederzuknien. Die Demonstranten, Tausende an der Zahl, ebenso wie Soldaten und Offiziere, taten dies. Ein „Vater Unser" wurde von allen gesprochen, die sich an Gebete noch erinnern konnten. Soldaten und Bürger umarmten sich. Es war nicht mehr möglich, den Aufstand zu unterdrücken.

Kommunisten hassen einander

Zur selben Zeit nahmen in der Hauptstadt andere Ereignisse ihren Lauf.

Kommunisten haben eine Religion des Hasses. Sie hassen nicht nur Kapitalisten, Christen und Juden, sie hassen auch sich selbst. Fast alle Mitglieder des Zentralkomitees der kommunistischen Partei der UdSSR wurden von ihrem Genossen Stalin getötet. In China starb der Präsident der kommunistischen Republik Liu-Shao-Chi unter der Folter, die von seinem Genossen Mao-Tse-Tung befohlen worden war. In Rumänien wurde Lucretiu Patrashcanu, jener Kommunist, der seine Partei an die Macht gebracht hatte, von seiner eigenen Geheimpolizei getötet. Und so kam es, daß die Genossen Ceausescus, Iliescu, Roman und andere, sich wegen seiner Übeltaten gegen ihn verschworen, um ihn zu stürzen. Für sie waren die Aufstände in den Provinzstädten der Funke, den sie brauchten. Sie bereiteten die Verhaftung Ceausescus vor, der gerade vom Iran zurückgekehrt war und im Zentrum von Bukarest von einem Balkon aus eine Rede halten sollte.

Als er sprach, erhielt er anstatt der üblichen obligatorischen Jubelrufe von den Geheimpolizisten Iliescus Buh-Rufe. Niemand sonst hätte das gewagt. Aber dieses Signal genügte, um Bewegung in die Menge zu bringen. Schon lange hatten sie sich gesehnt, Buh zu schreien. Nichts konnte sie jetzt aufhalten.

Die Rufe gegen Ceausescu wurden lauter und lauter. Die Gefahr ahnend flüchtete er, aber mit seinem Auto war etwas nicht in Ordnung. Er befahl, ein anderes Auto anzuhalten. Der Sicherheitsoffizier, der ihn und seine Frau begleitete, zog einen Revolver und wies den Fahrer – der zufälligerweise ein Christ war – an, wohin er fahren müsse.

Unter dem Vorwand, daß die Batterie schwach sei, blieb er gerade dort stehen, wo bereits Männer warteten, um Ceausescu festzunehmen.

Ceausescu und seine Frau Elena wurden, nachdem sie über Fernsehen zur Schau gestellt worden waren, erschossen. Mehrere seiner Anhänger kamen ins Gefängnis. Rumänien hat nun eine neue Regierung, jedoch eine, die nahezu ausschließlich aus ehemaligen Kommunistenführern besteht, die von Jugend an im Marxismus geschult sind. Sie behaupten, dem Kommunismus abgeschworen zu haben, aber der Kommunismus läßt einen Kommunisten nicht so leicht los.

Die Bibel erzählt die Geschichte vom Exodus der Juden aus der ägyptischen Gefangenschaft. Sie folgen Moses eine Zeit lang, aber bei der ersten Gelegenheit schufen sie ein goldenes Kalb, um sich davor zu verbeugen und es zu verehren, ebenso wie sie es bei den Ägyptern gesehen hatten. Sie waren aus Ägypten ausgezogen, aber Ägypten hatte sie nicht verlassen. Die Götzendienste, die sie als Sklaven in einem heidnischen Land angenommen hatten, prägten für Jahrhunderte das Judentum.

Die neue Regierung Rumäniens hat ebenso wie die alte Unschuldige erschießen lassen und ins Gefängnis gesteckt. Ceausescu kann sich über seine Nachfolger freuen.

Eine Kirche, die ich gründete

Am Sonntag hatte ich meinen ersten Gottesdienst in der Baptistenkirche in der Valaori Straße in Bukarest.

In einem gewissen Sinn war ich ihr Gründer.

Die Kommunisten waren nicht die ersten, die in Rumänien die Evangelischen verfolgten. 1940 kam die fanatisch orthodoxe Eiserne Garde des rechten Flügels an die Macht. Als erstes verboten sie den Baptisten, Adventisten, Pfingstbewegungen und den Bruderbewegungen, Gottesdienste zu feiern. Folglich wurden alle ihre Gebäude geschlossen.

Dann löste Marschall Antonescu die Eisernen Garden auf und errichtete seine eigene Diktatur, wobei die Religionsfreiheit wiederum verboten wurde. Keine einzige evangelische Kirche rumänischer Sprache war geöffnet. Hunderte von evangelischen Christen wurden zu Gefängnisstrafen bis zu 20 Jahren verurteilt.

Die Orthodoxe Kirche stand fest hinter dieser Verfolgung. Es hatte keine Reformation in Rumänien gegeben. Die Orthodoxe Kirche ist immer noch genauso autoritär, wie es die Katholische Kirche war, bevor Luther und Calvin neues Licht für die Kirche brachten.

Alle lutherischen Kirchen, außer der meinen, waren frei, weil ich, ebenso wie die Mehrzahl der Mitglieder meiner Gemeinde, jüdisch war. (Die Regierung war grimmigst antijüdisch). Der lutherische Bischof Stadel zeigte kaum eine Neigung, uns zu verteidigen. Er wurde durch seine Predigt bekannt, in der es u.a. hieß: „In der Geschichte der Menschheit waren drei die Größten: Christus, Beethoven und Hitler. Ich wage zu behaupten, daß Christus sogar größer ist, als Hitler".

Und so versammelten wir uns ebenso wie die Baptisten und andere Evangelische im Untergrund.

Gegen Ende des Krieges gelang es einem unserer Freunde, dem schwedischen Botschafter van Reuterswärde, für uns die Erlaubnis zur Feier von Gottesdiensten zu erwirken.

Innerhalb eines Tages entfernten wir alle Möbel

aus unserer Wohnung und verwandelten sie in eine Kirche. Sobald dies bekannt wurde, kamen Hunderte von Brüdern aller verbotenen Konfessionen in unsere Gottesdienste, die wir fünfmal täglich abhalten mußten. Und so waren wir die einzige rumänischsprachige Evangelische Kirche.

Als die Nazis den Krieg verloren, bekam meine ehemalige judenchristliche Kirche wieder Religionsfreiheit und ihr altes Gebäude wurde ihr zurückgegeben. Rumänen, die sich in unserer Wohnung versammelt hatten, schlossen sich zu einer Baptistengemeinde zusammen. Dies ist die Gemeinde der Valaori Kirche geworden.

In diesem Sinne ist ihr baptistischer Pastor Talosch mein Nachfolger.

Viele, die sich nun bei meiner Rückkehr ins Land versammelten, um mich zu hören, hatten mich bereits vorher persönlich gekannt. Die anderen wußten von mir, meinen Büchern und meiner Lebensgeschichte. Für sie war ich nicht nur ein menschliches Wesen, sondern die Verkörperung einer Legende, die über die Jahre schöner und schöner wurde, bis zu dem Punkt hin, an dem die Beziehung zur Realität verlorengeht. Es fiel mir schwer, sie zu überzeugen, daß ich nicht der legendäre Held ihrer Vorstellungen war, sondern ein gewöhnlicher Mann.

Das Wurmbrandland

In Rumänien erzählt man sich einen Witz: Das Auto des Diktators Ceausescu war gezwungen, wegen einer kleinen Reparatur auf einer Landstraße stehenzubleiben. In der Nähe sah er eine alte Bauersfrau, die mit Mühe Erde schaufelte und fragte sie nach ihrem Leben. Sie erzählte ihm, wie hart es sei und fragte dann: „Wer bist Du?".

Erstaunt darüber, daß sie ihn nicht erkannt hatte, antwortete er: „Lies die Zeitung und betrachte das Fernseh-Programm, dann wirst Du wissen wer ich bin. Ich bin „der geniale Führer", „der Laiengott", „das Genie der Karpathen". „Ich bin derjenige, der diesem Land Wahrheit, Licht und Liebe bringt."

Voller Freude rief die Frau zu ihrem Mann hinüber, der in einiger Entfernung arbeitete: „Komm schnell Johannes! Bruder Wurmbrand ist hier!"

Ein amerikanischer Christ hat ein Buch über Rumänien geschrieben, das er „Das Wurmbrandland" nennt.

Die Legenden zerstreuend, sprach ich als einfacher Mann und predigte in einer Kirche nach der anderen, mein Herz überfließend vor Liebe und Feude.

Wieviel bin ich?

Eines abends war ich in der Popa-Rusu Kirche geheim zum Diakon geweiht worden. Das war während der Nazizeit, einer Zeit, in der es noch undenkbar war, daß man einem Juden ein kirchliches Amt einräumen könne. Aber dies war eine deutschsprachige Kirche und die rumänischen Faschisten wagten nicht, sie zu schließen.

Die Weihe fand unter größter Geheimhaltung statt. Nur die Beiden, die mir die Hand auflegten, und zwei Zeugen waren anwesend. Die Tür war versperrt. Die deutschen Brüder Fleischer und Strobl machten sich über die anti-jüdischen Stürme, die draußen tobten, keine Sorgen.

Dies sollte später einmal eben die Kirche sein, in

der ich meine erste Taufe vornahm – die Taufe eines Juden, der kein einziges Wort rumänisch konnte. Während der Gottesdienste las er sein Neues Testament auf Russisch und ließ mich nur sprechen.

Bevor ich ihn taufte, sagte ich: „Ich kann diese Feier nicht einfach vornehmen. Ich trage eine Verantwortung. Ich muß herausfinden, was Sie aus der Heiligen Schrift gelernt haben. Lesen Sie mir einen beliebigen Vers vor und erklären Sie ihn mir".

Er öffnete seine Bibel und las 2. Korinther 12:11, wo Paulus schreibt: „Ich bin nichts", schloß das Buch und fragte: „Wenn Paulus nichts war, wieviel sind Sie?"

Ich dankte ihm. Er kannte die Schriften besser als ich.

Eine Heldin des Glaubens

Nachdem ich in Bukarest gewesen war, reiste ich von Stadt zu Stadt. Überall konnten wir das Elend des Sozialismus sehen. Dort wo es einst Autos und Lastwagen gegeben hatte, wird mit Fuhrwerken gefahren. Es gibt keine Waren in den Schaufenstern. Die Menschen stehen stundenlang Schlange für Tomaten, Kohl und Milch. Viele Artikel sind rationiert. Einer Person wird für je zwei Monate ein Kilogramm Fleisch zugeteilt. Die Straßen und Häuser sind schlecht beleuchtet.

In jeder Stadt habe ich die kleinen und großen Helden des Glaubens getroffen. Daneben Feiglinge und unverhohlene Verräter.

Eine Heldin, die mit uns an einige Orte reiste, war Dr. Margareta Pescaru.

Im Jahr 1950 lag ich todkrank im Gefängnisspital

von Tirgul Ocna. Die Kommunisten hatten von dem von ihnen gehaßten Kapitalismus die Vorstellung geerbt, daß jedes Gefängnis eine Krankenstation und einen Arzt haben müsse. Jedoch sagte man den Ärzten: „Sie müssen an diesen Gefangenen Veterinärmedizin praktizieren. Lassen Sie ihnen jene Medikamente und jene Fürsorge zukommen, die Sie Ochsen oder Pferden geben würden, damit sie ihre Sklavenarbeit erfüllen können. Wenn sie nicht mehr arbeiten können, lassen Sie sie sterben."

In solchen Gefängnissen erlebten wir zwei Arten von Ärzten. Einige von ihnen, darunter auch junge weibliche Ärzte, waren bei den Folterungen anwesend und machten Witze mit den Rohlingen. Von Zeit zu Zeit fühlte der Arzt einem dann den Puls und sagte: „Laßt ihn jetzt für eine Weile in Ruhe". Nachdem er oder sie sich eine zeitlang mit dem Polizeioffizier amüsiert hatten, erklärten sie: „Jetzt könnt Ihr wieder anfangen, aber paßt auf, ihn nicht in der Herzregion zu prügeln. Er könnte sonst zu früh sterben und Ihr würdet aus ihm keine Informationen mehr herausbekommen". Dies war die eine Art Ärzte, wenn man sie überhaupt so bezeichnen kann.

Dann gab es die anderen, die ihre erste Pflicht, Leben zu retten, ernst nahmen. Die hervorragendste unter ihnen war Margareta Pescaru. Als Christin schmuggelte sie Medikamente in das Gefängnis ein. Ärzte, ebenso wie andere Personen, wurden bei Betreten des Gefängnisses „gefilzt". Dennoch gelang es ihr immer und immer wieder. Auf diese Weise wurden viele Leben, einschließlich meines eigenen, gerettet.

Wenn ein Arzt beim Schmuggeln erwischt wurde, wurde er schwer verprügelt und anschließend selbst zu einer Gefängnisstrafe von mehreren Jahren verurteilt. Das Risiko war beträchtlich.

Dr. Pescaru stellte den Kontakt zu meiner Familie und meinen Freunden her. Sie versorgte mich, und durch mich auch andere, mit Streptomycin, der Wundermedizin gegen die Tuberkulose, die im Gefängnis weit verbreitet war.

Die Verhinderung einer Orgie der Grausamkeit

Aber sie tat noch mehr.

In den Gefängnissen von Piteschti, Suceava und am Kanal hatten die Kommunisten mit der sogenannten „Umerziehung" der Gefangenen begonnen. Manche hatten sich durch Versprechen der Freilassung dazu korrumpieren lassen, ihre Mithäftlinge zu schlagen und zu foltern und sie so dazu zu bringen, Handlungen gegen den Staat zu enthüllen, die sie während der Untersuchung nicht preisgegeben hatten. Die Gefangenen mußten auch aller ihrer Überzeugungen politischer oder religiöser Natur, für die sie verurteilt worden waren, abschwören. Sie mußten die volle Unterwerfung unter den Kommunismus versprechen.

Jede Methode, die Ergebnisse erzielte, wurde zugelassen: schwere Schläge gegen die Fußsohlen oder auf die Geschlechtsteile; das Zerbrechen von Zähnen, auf die man mit Steinen einschlug; das Zwingen der Gefangenen, Fäkalien zu essen; Schlafentzug; das Verbot, die Notdurft zu verrichten, und andere erniedrigende Maßnahmen.

Männer wurden zu nichts anderem als einem Haufen Angst reduziert. Es gelang den Kommunisten bei den meisten. Wenn die Gefangenen, verfolgt von Peitschen und Stöcken, gezwungen wurden, die Stiegen auf- und abzulaufen, lief jeder um sein Leben, das, wenn auch ein elendes, so dennoch in diesem Augenblick das einzig wichtige für ihn war. Einige blieben standhaft, aber es waren wenige.

Einige starben unter der Folter. Die Folterknechte, denen das reine Töten nicht genug war, erfüllten ihre Bedürfnisse über den Leichen.

Jeder Gefangene durfte täglich eine Tasse Wasser vom Wasserhahn nehmen, aber zuerst mußte er die Tasse dem „Umerzieher" präsentieren, der hineinspuckte. Dann durfte der Gefangene trinken.

Jesus benützte Speichel zum Heilen. Ich kannte einen Gefangenen, der sich zu dieser Zeit fragte: „Wenn der Speichel Jesu einen blinden Mann heilen konnte, kann der Speichel eines so bösen Mannes auch heilen, wenn wir es mit stiller Resignation und Liebe für den Übeltäter hinnehmen?"

Die Behörden ließen auch einige dieser Umerzieher in mein Gefängniskrankenhaus bringen, das für Tuberkulosepatienten vorgesehen war, um ihre zerstörerische Arbeit aufzunehmen.

Umerziehung war schon die Hölle für die Gesunden gewesen; welche Zerstörung würde sie unter den Kranken, von denen viele todkrank waren, anrichten? Flüsternd teilten wir die Gefahr Dr. Margareta Pescaru mit. Sie tat das Undenkbare. Sie entschied sich zur schlimmsten aller Bestien zu gehen, um für die Sache der Lämmer zu bitten.

Nachdem sie eine ganze Nacht lang zur Hauptstadt gereist war, ging sie zu den obersten Beamten, die die Aufsicht über die Gefängnisse hatten, besser gesagt: zu den Oberschlächtern. Gott schenkte ihr Gnade in deren Augen, ebenso wie er sie Esther in den Augen des Ahasveros geschenkt hatte. Wir haben keine Ahnung, was sie überzeugte. War es ihre körperliche Schönheit, oder waren es vielmehr die Strahlen der Kraft Gottes, die durch sie hindurchleuchteten? Sie leistete Fürbitte mit Erfolg. Sie appellierte an den Stolz: dies sei das einzige große Gefängniskrankenhaus. Das Ansehen des Landes stünde auf dem Spiel, usw.

Tatsache ist, daß zum ersten Mal in der Geschichte des rumänischen Kommunismus die Folterung von Unschuldigen beendet wurde.

Ein Christ wird kommunistischer Polizeibeamter

Ein anderer Held war X, dessen Name aus Sicherheitsgründen nicht enthüllt werden kann, da die Securitate, die kommunistische Geheimpolizei, noch immer an der Macht ist.

Während dieser dunklen Jahre trugen einige die Sträflingskleidung für Christus. Aber X brachte ein größeres Opfer. Um die christliche Gemeinde von innen her zu zerstören, infiltrierten die Kommunisten ihre Reihen und schoben Männer, die zu diesem Zweck Priester und Pastoren geworden waren, in Vertrauenspositionen. Bruder X dachte: „Warum nicht den Prozeß umkehren?" David sagte: „Es gibt kein besseres Schwert als das Goliaths, des Feindes", (1. Samuel 21:10).

Übersetzer glauben häufig, daß sie klüger sind, als die Autoren selbst und diese deshalb verbessern müßten.

Dies gilt auch für die Übersetzer der Bibel. Im ursprünglichen griechischen Text von Matthäus 10:1 steht geschrieben, daß Jesus seinen 12 Jüngern die Kraft „von" unreinen Geistern gab. Die englische Version sagt „über unreine Geister", was etwas völlig anderes bedeutet.

In Zeiten des Krieges kann der Spionage des Feindes nicht allein durch Predigen des Evangeliums entgegengewirkt werden. Es muß auch Gegenspionage geben.

Der junge Bruder X wurde ein Offizier der Geheimpolizei, um der Kirche im Untergrund und insbesondere mir dienen zu können.

Brüder und Schwestern, die zu Gefangenen wurden, trugen eine Uniform, die von den Gläubigen hoch verehrt wurde. X wurde als ein Verräter gehaßt, der in die Reihen des Feindes übergelaufen war. Die Gläubigen mögen sich wohl gedacht haben, „Wer weiß, was er wirklich tut? Vielleicht ist er sogar ein Folterer geworden".

Er ertrug diese Schande und erfüllte seine Arbeit gut. Er war auch nicht der einzige. Und so kam es, daß wir schon vorher über drohende Verhaftungen Bescheid wußten. Ich wurde, sogar als ich bereits im Westen wohnte, über Bedrohungen meines Lebens informiert.

Ich traf diesen Held des Glaubens, Bruder X. Die rumänischen Gläubigen kennen seine Geschichte noch immer nicht. Was für ein Privileg war es, ihn zu umarmen!

Einige Brüder nahmen, von ihren treuen Pastoren angeleitet, die Rolle zukünftiger Informanten der Geheimpolizei an, wenn ihnen dies vorgeschlagen wurde (und dies wurde beinahe allen Christen vorgeschlagen). Polizeibeamte trafen sich mit diesen „Informanten" in geheimen Wohnungen, so daß wir die Adressen dieser in Erfahrung bringen konnten. Die Mitglieder der Untergrundkirche konnten diese Wohnungen, die der Polizei gehörten, überwachen und die Identität der wirklichen Verräter in Erfahrung bringen.

Diese Scheininformanten achteten peinlichst darauf, der Polizei nur solche Dinge mitzuteilen, die sie in die Irre führen würden. Selbst heute ist es weise, nicht mehr als dies darüber zu sagen.

Kollaborateure der Kommunisten

Ich traf die Anführer verschiedenster Bekenntnisse. Einige von ihnen waren Kollaborateure der Kommunisten gewesen. Von schrecklichen Schuldgefühlen erfüllt, wagten sie nicht ihre Augen zu heben. Sie zitterten aus Furcht davor, daß die Archive der Geheimpolizei und des Kultusministeriums geöffnet werden würden, und daß so die Öffentlichkeit alle Einzelheiten ihrer Taten erfahren würde.

Einige von ihnen waren ältere Männer. Unter Berücksichtigung der Tatsache, daß der Kommunismus in Rumänien seit 45 Jahren regiert hatte, fragten sie sich vermutlich, was sie in einem solchen Alter noch tun sollten, wenn sie ihrer Stellung und wahrscheinlich auch ihrer Pension beraubt wären.

Ich versuchte ihr Gewissen zu erleichtern, in dem ich ihnen als erstes erzählte, daß es eine legitime Maßnahme der Kollaboration gegeben habe.

Nicht daß es richtig wäre, sich atheistischen Diktatoren zu unterwerfen, weil Paulus in Römer 13 sagte: „Jedermann sei untertan der Obrigkeit, die Gewalt über ihn hat. Denn es ist keine Obrigkeit ohne von Gott." Ein Regime, das Gott haßt, ist nicht von Gott. Wenn es dies wäre, wäre Gott wie der jüdische König Saulus, der einen Feind, einen Amalekiten bat, ihn zu töten (2. Samuel 1). Gott würde damit einer Art Selbstmord das Wort reden.

Ich glaube mit Augustinus, daß „ohne Gerechtigkeit Staaten nichts anderes sind, als Räuberbanden". Unsere Pflicht ist es, sie wie alle andere Banden zu bekämpfen und dabei zu versuchen, die Seelen der einzelnen Dazugehörigen zu retten.

Warum schrieb dann Paulus nicht wie Augustinus?

Ich glaube, daß es weise ist, an Tyrannen, unter deren Joch man zu leben gezwungen ist, solange man sie nicht stürzen kann, einige freundliche Worte zu richten. Der Prophet Daniel sagte dem König Nebukadnezar, der der Hitler seiner Tage war, einige sehr schöne Dinge. Das diplomatische Gespräch gehört zum Arsenal der Christen. Als er den Traum des Königs kommentierte, der diesem schreckliche Leiden voraussagte, sagte Daniel zu Nebukadnezar, der nur wenig vorher drei Freunde Daniels ins Feuer hatte werfen lassen: „Herr König, möge der Traum jene treffen, die Euch hassen und seine Auslegung Eure Feinde!" (Daniel 4:16).

Im Herzen mag Daniel gedacht haben: „Alle Strafen von Gott, oh König, sind nur gerecht und ich hoffe, daß Gott seine Meinung nicht ändern wird."

Was sollen wir dem Kaiser zurückgeben?

Jesus sagte, „Gebt dem Kaiser was des Kaisers ist", eine sehr klare Belehrung. Die Juden sollten dem römischen Kaiser das zurückgeben, was seines war.

Was war nun legitimerweise sein in Palästina? Nichts. Die römische Armee war mit Gewalt in Palästina eingefallen und regierte in tyrannischer Weise.

Der Historiker Josephus Flavius schrieb, daß als die Juden sich erhoben, um nur die geringfügigsten Rechte der Menschen zu verlangen, die Römer so viele von ihnen kreuzigten, daß „kein Holz mehr für weitere Kreuze übrigblieb und kein Ort, wo man sie aufstellen konnte".

Die Cäsaren hatten keinen einzigen Baum in Palästina gepflanzt und kein einziges Haus gebaut. „Gebt dem Cäsar was des Cäsars ist" meint, gebt ihm nichts, außer einen Stiefel in den Rücken.

Wer sind denn die regierenden Behörden überall? Sie sind die erfolgreichen Rebellen von gestern, oder ihre Nachfolger. Cromwell und andere kämpften gegen Tyrannen in Großbritannien; deshalb war das von ihm errichtete demokratische Regime von Gott gewollt.

Ein Königshaus ist vom anderen mittels Gewalt gestürzt worden; daher ist die gegenwärtige Königin von Großbritannien eine gottgewollte Autorität.

Die Amerikaner brachen einen Eid der Treue gegenüber dem König von England und führten eine erfolgreiche Revolution. Die amerikanische Regierung von heute ist daher von Gott.

Fazit: Stürze kommunistische und andere Diktatoren. Wenn es Dir nicht gelingt, bist du ein Rebell. Wenn es Dir gelingt, wirst du ein von Gott gewollter Kanzler sein.

Unter Hitler, Mussolini, Stalin, Ceausescu sowie unter vielen anderen Despoten früherer Zeiten, sind Christen durch eine falsche Interpretation des einen Verses aus Römer 13 dazu fehlgeleitet worden, Kollaborateure bei bösen Taten zu werden. Es entging ihnen, daß dieses höfliche Wort „Jedermann sei untertan der Obrigkeit" nur auf der Seite 1009 eines Buches geschrieben steht, daß auf allen vorhergehenden Seiten lehrt, der Ungerechtigkeit und der Tyrannei entgegenzutreten und sie niederzureißen. Dies ist was Moses, Gideon, Barak, Samson, David und die anderen taten, die alle als Helden im Heiligen Buch geehrt werden.

Ich betrachte die Kollaborateure der Kommunisten

nicht als persönlich schuldig. Es ist natürlich, daß einer, der in einer heidnischen oder feindseligen Umgebung aufwächst, zum Heiden wird. Der kann dafür nicht beschuldigt werden. Desgleichen betrachtet einer, der in einer christlichen Gemeinschaft aufwächst, in der sich jedermann Schurken unterordnet, diese Praxis als normal.

Der verstorbene Karev, einer der obersten Führer der offiziellen sowjetischen Baptistenkirche sagte: „Wir müssen uns den Behörden unterwürfig zeigen. Dies bedeutet nicht nur gegenüber der Regierung, sondern auch gegenüber dem KGB (der mörderischen sowjetischen Geheimpolizei), da auch sie eine staatliche Gewalt und als solche von Gott gewollt ist", was bedeuten würde, daß ich, wenn sie von mir verlangt, meine Brüder im Glauben auszuspionieren, über sie zu berichten und sie zu denunzieren hätte, dabei wissend, daß mörderische Verhaftungen folgen werden.

Wie kann man von Christen, die in einem solchen Glauben erzogen wurden, erwarten, daß sie sich anders verhalten? Es ist so, als würde man sich wundern, daß ein Kind, das in der englischen Sprache seine Bildung erfahren hat, sich nicht auf arabisch unterhalten kann.

Es gelang mir mit den ehemaligen Kollaborateuren, die Einzelpersonen und Kirchen so viel Schaden zugefügt hatten, zu erbauenden Gesprächen zu gelangen. Sie hatten es für richtig befunden, die Behörden über alles was in der Kirche vorkam zu unterrichten, über jedes gesprochene Wort und jede Entscheidung, die getroffen wurde. Und was die Konsequenzen ihrer Taten betrifft? Sie dachten „Laßt die Würfel fallen wie sie mögen."

Ich versuchte, ihnen Verständnis entgegenzubringen. Ich erzählte ihnen, daß für die Juden der Talmud folgendes lehrt: Wenn sich ein Verfolger gegen die Religion erhebt, müssen sich die Rabbis in zwei Gruppen teilen. Die eine muß beim hergebrachten Glauben bleiben und darf nicht einmal die jüdische Art des Schnürens der Schuhe ändern. Die andere muß, ganz im Gegenteil, sich dem Unterdrücker gegenüber freundlich zeigen und an seinen Gelagen teilnehmen, um zumindestens etwas Erleichterung der Leiden für das Volk zu bekommen. Der Verdienst der leidenden ersten Gruppe vor Gott ist nicht größer, als jener der zweiten Gruppe, die mit dem Tyrannen speist, vorausgesetzt, daß sie von guten Absichten geleitet werden.

Diese Worte halfen einigen sich selbst besser zu verstehen.

Einige kollaborierten in sehr weiser Manier. Indem sie Ceausescu nur ein wenig verbale Treue zukommen ließen, gelang es ihnen, viele Zugeständnisse zu erreichen. Sie enthielten sich völlig der Vergötterung Ceausescus, der „der Laiengott", „das Genie der Karpathen", „der Größte Denker aller Zeiten", usw. genannt wurde. Der lutherische Bischof Müller willigte ein, ein Mitglied des kommunistischen Parlamentes zu werden, obwohl er niemals mitstimmte. Aber dieser kleine Kompromiß, anwesend zu sein, auch ohne jemals den kommunistischen Herrschern zu schmeicheln, hatte den Erfolg, daß die lutherische Kirche in Rumänien zu jenen gehört, die am wenigsten gelitten haben.

Die Verräter

Es gab nicht nur Kollaborateure. Andere waren schlicht und einfach Verräter, die das Leben von Unschuldigen für Geld verkauften, obwohl sie selber, genauso wie Judas, nie mehr als einen Hungerlohn bekamen. Doch dann erinnerte ich mich, daß Jesus mit Judas an einem Tisch saß, selbst nach dem er ihn verraten hatte. All die vielen Worte der Liebe, die Jesus zu den Jüngern beim letzten Abendmahl sprach, schlossen auch ihn ein.

Jesus sagte: „Euer Herz erschrecke nicht! Glaubet an Gott, und glaubet an mich!" Dies war für Judas gedacht, dem auch versichert wurde, daß es im Hause Gottes viele Wohnungen gebe, auch Platz für einen Jünger, der bereits den Preis des Verrates in seiner Tasche trug, wenn er nur bereut.

Als Judas die Soldaten führte, um Jesus zu verhaften, und ihm einen verräterischen Kuß gab, rief ihn Jesus selbst dann einen „Freund", denn Seine Freundschaft ist für immer.

Im Original lautet Johannes 5:2: „In Jerusalem gab es bei den Schafen einen Teich". (Das Wort „Schaf-Tor" ist in diesem Fall eine Interpretation der Übersetzer). In der Nähe eines jeden Schafes Christi ist Gelegenheit, von jeglicher Sünde reingewaschen zu werden.

Bedauernswerterweise hat nicht einer der Verräter seine Schuld zugegeben, außer vielleicht im privaten Gespräch mit Gott. Ich habe auch niemals von jemand anderem gehört, daß ein Verräter bekehrt worden sei. Herzen werden hart.

Die große Tragödie ist, daß Verräter nicht nur aus den Reihen der schlechtesten Christen, sondern manchmal auch aus denen der besten rekrutiert wurden, sogar aus jenen, die geradezu Helden des Glaubens gewesen waren, und die jahrelang Folter und Gefängnis erlitten hatten.

Im lateinischen gibt es ein Sprichwort: De hic historia silet – Hierzu schweigt die Geschichte. Nicht alles muß erzählt werden. Einige Dinge sind zu traurig.

Für unsichtbare Zuhörer predigen

Was waren die Höhepunkte unserer Reise nach Rumänien?

Sabina und ich standen vor dem herrlichen Palast Ceausescus, neben dem der Buckingham Palast ärmlich erscheint. Es wird sogar behauptet, daß die Armaturen im Badezimmer aus Gold seien, daß aber „der Laiengott" nicht das Vergnügen hatte, sie benützen zu dürfen.

Der Palast ist genau über jenem Flecken errichtet worden, wo einst das Uranus-Gefängnis der Securitate gestanden hatte. Dieses Gefängnis wurde niedergerissen, um der Residenz des Diktators Platz zu machen.

Ich saß in diesem unterirdischen Gefängnis. Ich wage sogar zu behaupten, daß ich von meiner Zelle aus regierte, obwohl dies wie Prahlerei klingt. Lassen sie mich erklären.

Ich wurde allein in einer Zelle gehalten, von der aus ich niemals die Sonne, den Mond, die Sterne, Vögel, Blumen, Bäume und Schmetterlinge sehen konnte. Mit der Zeit vergaß ich, daß die Natur existiert, sogar daß Farben existieren. In meiner trüben, grauen Welt schäbiger Zementmauern, zerfranster Kleidung und aschgrauer Haut, vergaß ich, daß blau, grün und violett existieren. Es gab nie ein Buch, noch einen Fetzen Papier. In diesem tiefen unterirdischen Gefängnis regierte die Stille. Niemals hörte ich nur ein Wort oder ein Flüstern. Dies war erzwungene Taubheit in ihrer schlimmsten Form.

Jede Nacht predigte ich in meiner Zelle für unsichtbare Zuhörer. Selbst als ich frei war, hatte ich mich an diese Zuhörer gewöhnt. In 1. Petrus 1:12 steht geschrieben, daß Engel danach streben, in die Predigt des Evangeliums Einblick zu nehmen. Oft, wenn ich in Kirchen predigte, war ich mir dessen bewußt, daß auch Engel, und nicht nur Menschen anwesend waren. (Wo sonst wären unsere Schutzengel, wenn wir in der Kirche sind?) Ich bemühte mich stets, auch ein gutes Wort für sie miteinzubringen.

Aber ich beging den Fehler, zu denken, daß nur Engel meine unsichtbaren Zuhörer sein könnten. Dies war nicht der Fall.

Nachdem ich in den Westen gekommen war, veröffentlichte ich u.a. ein Buch mit Predigten, die ich in meiner einsamen Zelle gehalten hatte: „Ein Mensch in zwei Welten".

Und dann geschah etwas sehr seltsames.

Ich erhielt einen Brief von einem Mann aus Kanada, der mir schrieb, daß er aus einer guten christlichen Familie stammte, aber als junger Mann vom rechten Wege abgekommen und im Gefängnis gelandet sei. Dort führte er sich schlecht auf und wurde in eine Einzelzelle gesperrt. In seiner Verzweiflung dachte er darüber nach, wie traurig seine frommen Eltern sein mußten. Er wäre gerne zu Gott zurückgekehrt, aber er wußte nicht wie. Er betete: „Gott! Wenn es irgendwo in dieser Welt einen anderen einsamen Häftling gibt, der Dich kennt, bringe mir seine Gedanken."

Dann hörte er eine innere Stimme, die zu ihm sprach: „Gott sucht Dich beharrlicher, als Du ihn suchst. Der Wunsch einer Kuh zu säugen, ist größer, als der Wunsch eines Kalbes, gesäugt zu werden. Er sucht Dich und er weiß, wie das, das er sucht, zu finden ist. Verharre in Ruhe und mit Vertrauen. Er wird Dich erreichen."

Und dann hörte er Abend für Abend eine Art Predigt von weit weg.

Er bekehrte sich. Gnadenvollerweise war sein Gefängnisaufenthalt kurz, und er wurde freigelassen. Jahre vergingen, während derer er heiratete, eine Familie gründete und Diakon in einer Kirche wurde.

Eines Tages betrat er einen christlichen Buchladen und sah einen eigenartigen Titel auf einem Buchumschlag: „Ein Mensch in zwei Welten" (Predigten in Einzelhaft). Da er selbst in Einzelhaft gewesen war, fragte er sich „Wem predigt jemand, der in Einzelhaft ist?".

Er las das Buch und schrieb mir später: „Herr Wurmbrand, Sie predigten nicht für niemanden. Ich war zur selben Zeit wie Sie in Einzelhaft. Ich erkannte die Predigten. Es waren die Ihren, die ich hörte und die mich zu Christus zurückführten. Ich danke Ihnen für das Halten dieser Predigten."

Ich hätte diesem Brief möglicherweise nur wenig Aufmerksamkeit geschenkt, hätte ich nicht auch von einer Frau in England einen Brief bekommen, in dem sie eine ähnliche Art von Wirkung beschrieb.

Dann traf ich einen französischen Pastor. Er erzählte mir, daß er ein Ungläubiger gewesen sei, als er die Vision eines Pastors mit einem Priesterkragen sah, der ihm von Christus erzählte. Daraufhin bekehrte er sich und wurde einige Zeit später Pastor, der für seinen Herrn viele Seelen gewinnen konnte. Auch er sah einmal das obengenannte Buch. Auf der Titelseite der französischen Ausgabe ist ein Bild von mir zu sehen, auf dem ich mit dem Pastorkragen abgebildet bin. Er erkannte mich sofort. Ich war der Mann, den er in einer Vision gesehen hatte.

Jenseits von Zeit und Raum predigen

Die Hebräer haben drei Worte für „Seele": nephesh, ruach und neschamah. Neschamah ist die höchste Stufe. Die Kabbalah, das Hauptbuch der jüdischen Mystik, nennt sie „die Überseele".

Auf ihrer höchsten Stufe befindet sich die Seele jenseits von Zeit und Raum. Ein Mann, der hinter vier Mauern eingesperrt ist, kann andere in tausenden Meilen Entfernung erreichen.

Als ich diese Briefe erhielt, warfen sie ein neues Licht auf einige eigenartige Worte des heiligen Paulus, wie: „Das Wort der Wahrheit im Evangelium, das zu Euch gekommen ist, wie auch in alle Welt" (Kolosser 1:5,6), „Von Eurem Glaube sagt man in aller Welt" (Römer 1:8), und andere.

Diese Worte erschienen als derart krasse Übertreibungen, daß man sie beinahe als schlichte Lüge bezeichnen könnte. Paulus wußte nicht von Japan oder Amerika. Das Evangelium war weit davon entfernt, auch nur die damals bereits bekannte Welt erreicht zu haben. Aber der Mann im Inneren, der versteckte Mann im Herzen, die Neschamah, kommuniziert über alle Grenzen hinaus. Dem inneren Menschen können Dinge passieren, von denen der äußere Mensch, das Bewußtsein, nichts weiß.

Es steht geschrieben, daß alle Juden, die beim Exodus aus Ägypten das Rote Meer passierten, „getauft wurden" (1. Korinther 10:2). Es waren etwa zwei oder drei Millionen Menschen. Keiner von ihnen wußte, daß dies mit ihnen passierte. „Alle die in Jesus Christus getauft sind, sind in seinen Tod getauft worden" (Römer 6:3).

Neunzig Prozent derjenigen, die getauft werden, selbst die als Erwachsenen Getauften, wissen dies nicht. Meine Frau und ich erkannten dies erst Jahre nach unserer Taufe und dachten darüber nach. Wer von uns wußte, daß wir „mit ihm begraben wurden, durch die Taufe in den Tod" (Römer 6:4), oder daß: „unser alter Mensch samt ihm gekreuzigt ist." (Römer 6:6). Ein Mensch müßte sich erinnern, wenn er gekreuzigt worden ist. Doch keiner von uns erinnert sich.

Warum? Weil solche Dinge in unserer Neschamah, im verborgenen Menschen unseres Herzens, stattfinden, in welche das Bewußtsein, dieser sehr kleine Teil unseres Geistes, nicht eingeweiht ist.

Ich persönlich hatte niemals das Erlebnis, Christus als eine Neuheit anzunehmen. Als ich im Alter von 27 Jahren das Evangelium von einem Dorfzimmermann erfuhr, hatte ich eher den Eindruck, etwas wiederzuerkennen, daß ich schon immer ersehnt hatte, wonach ich gesucht hatte. Plato schreibt: „Wissen ist erkennen."

Eine echte Predigt, die aus der inneren Festung des Herzens hervorfließt, eine Predigt, der der Prediger selbst mit Staunen lauscht, weil er nie geahnt hatte, daß er solche Dinge wußte, ist ein existentielles Ereignis, das selbst nach Jahrzehnten von den Zuhörern noch in Erinnerung gehalten wird. Es reicht bis an die Enden der Erde und erzeugt eine kaum faßbare Wirkung.

In seinem Buch „Der Prinz des Friedens" erzählt

Richardson von vielen Missionaren, die Stämme entdeckt haben, welche ein Grundwissen des christlichen Glaubens besitzen, das sie auf keinerlei Art und Weise von anderen Christen hätten erlernen können. Predigten aus weiter Entfernung haben sie erreicht. Als meine Frau und ich vor dem enormen Palast Ceausescus standen, erinnerte ich mich an diese Dinge und dachte darüber nach. In meiner unterirdischen Zelle hatte ich mehr Freude, als er sich je hätte träumen können, selbst als er auf dem Gipfel seiner Macht stand. Seine Arbeit war vergebens. Von diesem Palast, wie in allen anderen, wird eines Tages kein Stein auf dem anderen bleiben. Aber die Seelen, die für Christus gewonnen wurden, werden für immer und immer verbleiben und ohne Ende von Herrlichkeit zu Herrlichkeit emporsteigen.

Sabina und ich umarmten einander und sprachen ein Dankgebet.

Im Gefängnis Seelen gewinnen

Von dort gingen wir zum ehemaligen Gebäude des Zentralkomitees der kommunistischen Partei. Ceausescu hatte gerade begonnen vom Balkon des Gebäudes aus seine letzte Rede zu halten, als er durch die Zurufe „Mörder! Verbrecher! Nieder mit dem Kommunismus!" grob unterbrochen wurde. Er floh in einem Hubschrauber, der auf dem Dach war und ging seinem Tod entgegen.

Dieses Gebäude ist das ehemalige Hauptquartier der Geheimpolizei, und es beherbergte auch ein anderes unterirdisches Gefängnis. Auch dort verbrachte ich zwei Jahre in Einsamkeit.

Tief unter der Erde hatte ich das Evangelium gepredigt, in dem ich es nach beiden Seiten zu den Häftlingen in den angrenzenden Zellen im Morse-Alphabet gegen die Wand klopfte. Die Mithäftlinge wechselten häufig.

Der norwegische Pastor Fjeldstad, ein Missionar in Israel, erzählte mir, daß er dort einen Juden traf, der, als er ihm das Evangelium erzählte, mit einem Lächeln antwortete: „Du kommst zu spät. Ich habe das Evangelium schon vor Jahren von einem Mithäftling gehört, der es in einem Morsecode gegen die Wand klopfte, als ich in Rumänien in Einzelhaft war. Ich glaubte damals daran und glaube immer noch."

Ich freue mich an jedem Schritt, den ich in Rumänien mache. An jedem Ort habe ich wunderschöne Erinnerungen.

Wir standen vor dem heutigen Polizeihauptquartier, wo meine Frau und ich in Zeiten der Faschisten und Kommunisten häufig inhaftiert waren. In Bukarest sah ich eine Schwester wieder, die mit ihrem Vater, einem Baptistenprediger, und zusammen mit mir und einer Reihe von anderen in diesem Polizeihauptquartier in Haft gewesen war. Wir waren für die Organisation von Gottesdiensten in Privathäusern im Untergrund denunziert worden. Wir erinnerten uns daran, mit welcher Freude wir dort gesungen hatten.

Dann war da das Malmezon-Gefängnis in Bukarest, wo ich sowohl unter den Faschisten als auch unter den Kommunisten gewesen war (unter den zweiteren war es um vieles schlimmer). Während des Krieges waren sechs Brüder und Schwestern dort. Während des Tages konnten männliche und weibliche Häftlinge zusammensein.

Bei einer Gelegenheit betrat der Kommandant,

ein Oberst, das Zimmer und schrie „Ich habe gehört, daß Ihr hier Eure Hymnen singt, was verboten ist. Was für Hymnen sind das denn? Laßt mich eine hören."

Wir sangen „O Haupt voll Blut und Wunden voll Schmerz und voller Hohn...". Er drehte sich um und ging ohne ein Wort zu sagen. Viele Jahre später hörte ich von Filip Schmilowitsch, einem hervorragenden jüdischen Christen, der zu dieser Zeit einer meiner Mithäftlinge war und heute in Israel lebt, daß der Oberst ein Bruder in Christus geworden sei. Unser Gesang mag auch andere zum Heil geführt haben.

Ein zentraler Ort in meinem Leben

Ich fand mich wieder in der Oltenistraße, wo meine Kirche gewesen war. In derselben Straße waren auch eine orthodoxe Kirche und eine Synagoge gewesen. Ceausescu benötigte solche Gebäude nicht. Alle wurden niedergerissen. Was für Erinnerungen hatte ich an diesen Ort! Hier hatte ich unter vielen Tränen mein erstes öffentliches Reuegebet gesprochen. Der Gottesdienst war von dem anglikanischen Pastor Adeney, von der „Mission für die Juden", gefeiert worden. Er hatte sein Leben den Juden gewidmet und hatte etwa 40 Jahre gepredigt, ohne erkennbare Früchte gewinnen zu können. Aber er gab seine Mission nicht auf.

Bald wurde es klar, daß er nicht umsonst gearbeitet hatte. Er hatte Isaac Feinstein zu Christus geführt, der später ein bekannter judenchristlicher Prediger wurde und den Märtyrertod starb. Ein anderer war Ascher Pitaru, der später mit mir zusammen in kommunistischen Gefängnissen war. Alle nannten ihn in gleicher Weise „Herr 1. Korinther 13", weil dieses Kapitel, ein

Hohelied der göttlichen Liebe, sein Hauptthema war, egal mit wem er sprach, selbst mit den Wärtern, die ihn respektvoll behandelten.

Als Pitaru vor Gericht stand, war ein christlicher Freund und Mithäftling von ihm Hauptzeuge der Anklage gegen ihn. Er sprach niemals anders, als mit Liebe von diesem Mann. Niemals erwähnte er seine Sünde.

Diese und viele andere waren die Früchte von Adeneys Diensten.

Der Hauptprediger war Pastor Ellison, der auch jüdischer Abstammung war.

Olteni war der Ort meiner Bekehrung und später meines Pastorates. Die Kirche wurde von allen „Die Kirche der Liebe" genannt, weil, obwohl nominell lutherisch, sie der einzige interkonfessionelle Ort in Rumänien war. Gläubige aller Richtungen, Orthodoxe, Katholiken, Baptisten, Mitglieder der Pfingstbewegung, Nazarener, Adventisten – wen man auch nennt – alle fühlten sich in diesem Nest zuhause.

Wenn jemand, der an die Kindertaufe glaubte, sein Kind brachte, freuten wir uns alle mit ihm. Wenn ein anderer die Taufe als Erwachsener empfangen wollte, waren jene, die Kinder tauften, anwesend, um mitzufeiern. Mein Kollege, Pastor Solheim, predigte seinen Glauben, daß wir in der heiligen Kommunion mit dem Brot und dem Wein das wirkliche Fleisch und Blut Christi empfangen. Ich sagte, daß ich an eine symbolische Gegenwart glaube. Niemand stritt darüber. Jesus hatte gesagt „Nehmet, eßt, trinkt!", er hatte nicht gesagt „Zankt Euch darüber, welche Interpretation die Richtige ist!". Die Kommunion ist, was sie ist, und nicht was wir darüber denken.

In dieser Kirche sorgten wir gut für die Armen und halfen ebenso vielen anderen Kirchen.

Es war von hier aus, daß wir die erste geheime Mission zu der sowjetischen Armee begannen, die in unser Land eingefallen war. Neue Testamente und Evangelienbücher wurden für sie gedruckt.

Noch aus einem anderen Grund hat die Olteni-Kirche einen besonderen Platz in meinem Herzen: hier trafen wir heimlich auf dem Dachboden, der meine Pfarrerwohnung war, Rev. Stuart Harris, heute Vorsitzender der „Internationalen Christlichen Mission für die Kommunistische Welt" (ICMCW), und seinen Freund, Pastor Moseley aus den USA. Sie waren die ersten ausländischen Besucher, die sich nicht durch die offiziellen Führer der Kirche zum Narren halten ließen.

Wir trafen uns nachts, und ich erzählte ihnen die ganze Leidensgeschichte.

Dieses Treffen war eigentlich der Grundstein für die „Hilfsaktion Märtyrerkirche", die inzwischen in über vierzig Ländern entstanden ist und durch die Millionen von neuen Bibeln, neuen Testamenten, Evangelienbüchern und andere literarische Werke in kommunistische Länder eingeführt, sowie Hunderttausende von Gebeten für die Verfolgten entfacht worden sind. Weiter halfen wir auch mittels Radio-Sendungen und durch finanzielle Unterstützung für Familien von Gefangenen.

Sind Sie bereit, einen brennenden Streitwagen zu besteigen?

Ich habe in Rumänien viele Predigten gehalten, die ich hier nicht wiedergeben kann. Aber ich möchte einen meiner wichtigsten Gedanken im Zusammenhang mit der besonderen Situation in diesem Land mitteilen.

Ich sprach von der Leichtigkeit, mit der man zum Himmel entrückt werden kann. Jeder kann heute entrückt werden, wenn er nur willens ist, zu reisen wie es Elia tat, und zwar so: „Ein Streitwagen aus Feuer erschien mit Pferden aus Feuer... und Elia fuhr mit einem Wirbelwind zum Himmel" (2. Könige 2:11).

„Ist irgend jemand hier, der bereit wäre, einen so unbequemen Streitwagen zu besteigen?" fragte ich. „Dann kann er sofort entrückt werden."

„Wohin möchtet Ihr gebracht werden? Jesus hat uns ein großes Versprechen gegeben: ‚Wer überwindet, dem will ich geben mit mir auf meinem Stuhl zu sitzen, wie ich überwunden und mich gesetzt habe mit meinem Vater auf seinen Thron' (Offenbarung 3:21)."

„Jeder kann kommen, um auf seinem Thron zu sitzen. Daniel gibt uns eine Beschreibung: (7:9) ‚Sein Stuhl war eitel Feuerflammen und dessen Räder brannten mit Feuer. Und von ihm ging aus ein langer feuriger Strahl.' Seid Ihr bereit, auf so einem Thron zu sitzen? Dann könnt Ihr einen Ehrenplatz darauf haben."

„Ich komme aus dem Westen, wo manche das leicht zu erlangende Heil predigen. Glaubt einfach – das ist alles. Wenn Ihr glaubt, werdet Ihr nicht nur ewig den Himmel haben, sondern auch Gesundheit und Wohlstand im Diesseits. Dort (im Westen) seid Ihr zwar die kommunistische Verfolgung los, aber diese falsche westliche Lehre wartet schon um die Ecke, um euer geistiges Leben noch viel schlimmer zu zerstören, als es die Kommunisten je fertiggebracht hätten."

„Ein Christ zu sein heißt, an Sein Opfer auf Golgatha zu glauben und an Seine Lehre, daß auch wir uns verleugnen müssen und ihm folgen. Wir sind dazu ausersehen, mit ihm gekreuzigt und begraben zu werden, nicht in einem physischen Sinn (obwohl im südlichen Sudan Christen selbst 1990 gekreuzigt worden sind), sondern im Kampf bis zum allerletzten gegen die Sünde, die Welt und den Teufel, ohne jemals aufzugeben, selbst wenn viele Schlachten verlorengehen.

Von Großbritannien wird gesagt, daß es im Krieg alle Schlachten verliert, aber am Ende den Sieg hat. So müssen auch wir es halten."

„Der christliche Glaube kann Heilung bringen", wird im Westen gepredigt. Meine Frau, mein Sohn und ich sind wiederholt durch unseren Glauben geheilt worden. Aber es ist ebenso wahr, daß viele wegen ihres Glaubens krank werden. Völlig gesunde Männer wurden Christen. Dafür wurden sie ins Gefängnis geworfen, geschlagen, gefoltert; sie verloren ihre Gesundheit wegen Christus. Vielen im Westen segnet Jesus das Geschäft, aber in kommunistischen Ländern verloren viele, die ein gutes Leben hatten, alles. Ihre Häuser und ihr Besitz wurden konfisziert, oder sie mußten wieder und wiederum hohe Strafen zahlen, weil sie Christen geworden waren.

„Dient nicht Christus für das, was Ihr von Ihm bekommen könnt." Johannes und Magdalena und andere liebten Christus, auch wenn er nichts für sie tun konnte. Er hing voller Schmerz und Durst an einem groben Kreuz und rief sogar Worte, die Verzweiflung anzudeuten schienen.

Magdalena liebte Jesus, punktum. Selbst wenn er ihr nichts geben konnte. Sie liebte ihn, selbst als er eine Leiche in einem Grabmal war, und sie gab Geld für Gewürze aus, um ihn einbalsamieren zu können.

„Wo ist dann die christliche Freude?" fragt Paulus. „Ich freue mich nun über meine Leiden für Euch." Ein Christ weint mit allen, die weinen, nicht nur ein wenig für jene, die hier weinen, sondern auch für jene, die im hoffnungslosen Schmerz in der Ewigkeit weinen und ihre Zähne knirschen. Nicht nur Jesus, sondern auch alle seine Jünger nahmen teil an den Schmerzen aller.

Er war nicht damit zufrieden, für die Menschheit bloß gekreuzigt zu werden, sondern er stieg sogar hinab in die Hölle. Selbst wenn ihm dort kein Leid geschah, muß allein die Anwesenheit an einem solchen Ort des Grauens und das Vernehmen der Schreie und des Geheuls und das Fühlen von Feuer und Schwefel schrecklich gewesen sein. Kein empfindsamer Mensch kann die Beschreibung Dante's von der Hölle lesen, ohne zu erschauern.

Einheit mit Gott

Aber dies war Jesus nicht genug. Aus freiem Wollen läßt Er sich oft wieder ans Kreuz schlagen, so oft gläubige Christen der Sünde verfallen (Hebr. 6:6).

Auch dies ist ihm nicht genug, um uns die Fülle seiner Liebe zu offenbaren. Er wohnt in den Gläubigen. Er lebt unser Leben mit uns. Er tut dies geduldig, aber dennoch fragt er manchmal „Wielange muß ich Euch noch ertragen?" (Matthäus 17:17). Jedes Fallen, jede Sünde und alle unsere Schwächen und Zweifel peinigen ihn, weil er mit uns eins geworden ist. In uns ist er kein anderes ich. Eine Vereinigung hat stattgefunden.

Auf hebräisch lautet Jesaja 48:12 wie folgt: Ani-Hu-Ani rishon, af ani acharon, wörtlich übersetzt: „Ein Ich, der ein Ich-Er ist, ist der Erste; einer der nur Ich ist, ist der Letzte." Gott und ich haben uns zu einer Person vereint. Ich habe keinen Kummer, den er nicht teilt, keinen Zweifel, keine Auflehnung, keinen Fehler. Auch diese sind sein.

Aus Liebe nimmt er dies auf sich.

„Und wir finden unsere Freude im höchsten priesterlichen Dienst: uns selbst als Opfer darzubringen. Für Christus, der nicht nur in Herrlichkeit ist, sondern auch der Schmerzensmann mit dem Leid vertraut".

Ich gab in diesem Fall ein extremes Beispiel aus dem Leben.

„Taufe mich, oder ich erschieße Dich!"

Annemarie war für ihre Untergrundarbeit in der Kirche verhaftet worden. Wie es meistens der Fall war, wurde sie geprügelt und gefoltert, damit sie die Namen ihrer anderen Brüder und Schwestern, die mit ihrer Arbeit verbunden waren, verrät.

Die Versuchung nachzugeben, kam ihr nicht einmal in den Sinn. Sie war viel zu sehr eingenommen, ich würde sagen besessen, von einem einzigen Gedanken: wie sollte man ihrem Folterer die Erlösung bringen. Für sie war es nicht die Frage, wie sie weiteren Schmerzen entgehen könnte oder wie einer Verurteilung zu einer langjährigen Gefängnisstrafe zu entkommen sei, sondern wie ihr Folterer der Sünde und der Hölle entrinnen könne.

Sie sprach zu ihm: „Sie prügeln mich umsonst. Sie werden mir niemals meine Liebe herausprügeln. Weder die Liebe für Gott, noch für Sie."

Der Folterer lachte laut. „Was für ein närrisches Mädchen Du doch bist! Ich schlage Dich und Du erklärst mir Deine Liebe."

Es gab Zeiten, in denen man mit den Folterern

gute Gespräche führen konnte. Sie selbst waren des Prügelns satt.

Einer von ihnen sagte zu mir: „Ihr Gefangenen schreit wenn Ihr geprügelt werdet. Warum? Ihr fühlt den Schmerz, aber was ist Euer Leiden im Verhältnis zu meinem? Ihr werdet höchstens für eine halbe Stunde geprügelt. Wir müssen so viele prügeln, daß für mehr gar keine Zeit bleibt. Dann ruht Ihr Euch in Eurer Zelle aus. Aber ich muß acht Stunden am Tag prügeln. Ich tue dies seit zehn Jahren, zwölf Monate im Jahr und sechs Tage in der Woche. Die einzige Musik, die ich höre, ist das Geräusch der Peitsche und die Schreie der Gefolterten. Es treibt einen zum Wahnsinn."

„Am Abend betrinke ich mich und gehe dann nach Hause, wo ich dann auch noch meine Frau schlage. Das ist mein Leben. Ich leide mehr als Ihr."

Und so machten die Folterer Kaffeepausen oder rauchten eine Zigarette. Wenn der Gefangene ein Raucher war, boten sie auch ihm eventuell eine Zigarette an. Für eine Viertelstunde lang war er dann ein guter Kumpel, der bereit war, mit seinem Opfer zu plaudern oder sogar zu scherzen.

Sie fuhr fort:"Ich werde Ihnen nun Worte sagen, die man unter normalen Umständen niemals von einem Mädchen hören würde. Während Sie mich schlugen, habe ich Ihre Hände angesehen. Wie schön sie sind! Ich stelle mir vor, wie Ihre Frau es genießt, wenn Sie sie streicheln. Ich stelle Ihnen eine einfache Frage: Ist streicheln nicht besser als schlagen? Wenn Sie zu Ihrer Frau zärtlich sind, genießen Sie es beide. Gewiß können Sie das Foltern nicht mehr genießen als das Zärtlichsein.

„Sie haben sehr attraktive Lippen. Ihre Frau muß innerlich gejauchzt haben, als Sie sie das erste Mal geküßt haben. Ist küssen nicht besser als Leute zu beschimpfen und mit üblen Worten herumzufluchen?"

Da gab er ihr eine Ohrfeige. „Laß das unsinnige Gerede! Ich interessiere mich nicht dafür. Du solltest uns besser sagen, mit wem Du bei Deinen Untergrundaktivitäten zusammengearbeitet hast. Wir sind nicht hier, um über Liebe zu plappern, sondern um konterrevolutionäre Tätigkeiten aufzudecken."

Sie konnte nur mehr wenige Worte sagen: „Ich habe einen Freund, der mich nicht nur liebt. Er ist die Liebe selbst. Von ihm habe ich gelernt, jeden von Herzen zu lieben. Ich liebe die, die mir Gutes tun, und jene, die mich verletzen."

Er versetzte ihr einen Schlag und sie stürzte auf den Zementboden der Zelle, wobei sie mit der Schläfe aufschlug und in Ohnmacht fiel.

Als sie aufwachte, sah sie ihren Folterer tief in Gedanken versunken dasitzen. Er fragte sie: „Wer ist dieser seltsame Freund, der Dich gelehrt hat, ohne Unterscheidung zwischen Gut und Böse zu lieben?" Sie antwortete: „Es ist Jesus" und sprach zu ihrem Folterer über Ihn.

„Kann ich auch sein Freund werden?"

Sie müssen Ihre Sünden bereuen, seinem Sterben für Sie am Kreuze Glauben schenken und getauft werden."

„Dann taufe mich" verlangte er. Sie antwortete: „Ich kann Sie nicht taufen", was nicht wahr war. In einer solchen Ausnahmesituation kann jedermann taufen. Aber das wußte sie nicht.

Er zog seinen Revolver, richtete ihn auf sie und sagte: „Taufe mich, oder ich erschieße Dich!"

Wenn dies auch seltsam erscheinen mag, so sollte es dies nicht. Er erfüllte die Worte von Jesus, der sagte: „Die Gewalt tun, reißen das Himmelreich an sich" (Matthäus 11:12). „Mit Gewalt" kann auch die Drohung mit einem Revolver bedeuten. Er schleifte sie zu einem Tümpel, warf sie ins Wasser und sie taufte ihn. Es war eine ernsthafte Bekehrung. Der Beweis dafür war, daß er sie unter großen Gefahren für sich selbst befreien konnte.

Diese Annemarie ist eine Ani-Hu-Ani, eine Vereinigung zwischen ihm und ihr selbst. Sogar unter den Schlimmsten aller Foltern hatte sie den einen Gedanken: die Erlösung, selbst der schlechtesten Menschen. In ihren missionarischen Bemühungen nahm sie ganz besonders schwere Prügel auf sich.

Einem Folterer vergeben

Diese Botschaft habe ich in meinen Predigten beharrlich weitergegeben: „Ihr alle habt unter den Händen der Kommunisten in der einen oder anderen Weise vieles erlitten. Sei es körperlich, geistig oder gesellschaftlich."

„Es fehlt etwas am Kreuz Christi. Alles was er bis jetzt für die Menschheit getan hat, ist nicht genug. Er hat in dir und allen wie du wieder menschliche Körper zur Verfügung. Es ist mit dir wie es mit der Jungfrau Maria war, als sie das Kind erwartete. Er und seine Mutter waren eins. Du bist ein Teil seines Leibes, sowie Er ein Teil des Leibes Mariens war. Verzicht und Freude, nimm alle Leiden auf Dich, in erster Linie die Leiden Jesu. Und so wirst Du das Fehlende am Kreuz Christi vervollständigen (Kolosser 1:24).

„Der unierte Priester Demeter war einer meiner Mitinsassen im Gefängnis gewesen. Einer der Wärter amüsierte sich damit, ihn immer und immer wieder mit einem Hammer gegen das Rückgrat zu schlagen.

Als Folge dessen war Demeter gelähmt und liegt nun seit über zwanzig Jahren bewegungslos da."

„Inzwischen hat eine Revolution stattgefunden und Ceausescu ist gestürzt worden. Der Offizier der Securitate, der sein Leben zerstört hat, kam zu Demeters Türe und sagte: „Ich weiß, daß mir nicht vergeben werden kann. Was ich getan habe, war zu abscheulich. Aber hören Sie nur auf meine Worte der Entschuldigung und ich werde gehen."

Der Priester antwortete: „Seit zwanzig Jahren habe ich täglich für Sie gebetet. Ich habe auf Sie gewartet. Es sei Ihnen vergeben."

„Dies ist das Wesen des Christentums. Jede andere Einstellung ist unchristlich."

„Als Jesus uns das „Vater Unser" lehrte, fügte er, um sicher zu gehen, daß wir den bedeutendsten Teil verstehen würden, hinzu: „Wenn Ihr den Menschen ihre Verfehlungen vergebt, dann wird Euer himmlischer Vater auch Euch vergeben. Wenn Ihr aber den Menschen nicht vergebt, dann wird Euch Euer Vater Eure Verfehlungen auch nicht vergeben" (Matthäus 6:14, 15).

Kommunisten senden meine Predigten über das Fernsehen

Etwas sehr Seltsames passierte, nachdem ich einige Predigten gehalten hatte, die unsere Pflicht betonten, unsere Feinde, einschließlich der Kommunisten, zu lieben.

Meine Predigten wurden auf Staatskosten im Fernsehen gesendet.

Jahrelang hatten die Kommunisten mich in Einzelhaft gehalten, damit ich meine Gedanken, die als vergiftend galten, nicht auch nur einem einzigen Mithäftling mitteilen könnte. Und nun gab sich das rumänische Fernsehen, das immer noch kommunistisch ist, ganz besondere Mühe, sicherzustellen, daß die gesamte Bevölkerung hörte, was ich zu sagen hatte.

Warum?

Die Regierung weiß sehr wohl, daß das Volk ihre Taten haßt. Der Diktator Iliescu, der weiser ist als sein Vorgänger Ceausescu, versteht dies. Er hält es für gewinnbringend, wenn die Unterdrückten gelehrt werden, ihre Unterdrücker zu lieben.

Das Paradox war, daß meine und die Feinde Christi so begierig danach waren, daß die Leute mir zuhören. Tatsächlich betteln kommunistische Persönlichkeiten einige rumänische Pastoren darum: „Bitte predigt soviel Ihr wollt, sogar auf öffentlichen Plätzen, aber betont, daß man seine Feinde lieben soll, sonst werden die Leute uns in Stücke reißen."

Hat Jesus vorhergesehen, daß seine Lehre, selbst den Entferntesten noch zu lieben, von seinen Feinden willkommen geheißen werden würde, wenn sie in Gefahr sind und so bei der Verbreitung des Evangeliums helfen würden, weil es ihnen Schutz bietet?

Wir wagen es, unseren gefährlichen Weg zu gehen, auf welchem wir erscheinen mögen, als wären wir gut Freund mit den schlimmsten Männern , und als wollten wir ihre Hände stärken (dies ist bei fast allen der Fall, die jenen Gutes angedeihen lassen, die Böses tun), weil wir an die Wahrheit des Wortes Gottes glauben, und daß es am Ende die Herzen selbst jener verändern wird, die Gott hassen.

Vor zweitausend Jahren haßten die Juden ihre römischen Unterdrücker. War es, weil Jesus gelehrt hatte, daß man seine Feinde lieben soll, daß Pontius Pilatus, der römische Stadthalter in Israel, ihn befreien wollte?

Die Liebe setzt sich, gerade weil sie die Liebe ist, allen Risiken aus – selbst dem Risiko, durch böse Menschen mißbraucht zu werden – um alle zu gewinnen. Wir werden nicht damit aufhören zu predigen, daß man seine Feinde lieben soll, auch wenn eine Zeitlang Menschen, die Gott hassen, auf unsere Kosten einen Vorteil daraus ziehen.

Kein Interesse an meinen Predigten

Wir sahen Angela Cazacu wieder.

Sie war während des Krieges eine unserer Mitarbeiterinnen gewesen, und hatte sich darin befleißigt, jüdische Kinder aus dem Ghetto zu stehlen, und so Leben zu retten, und ebenso hatte sie Essen und Kleidung für die zahllosen weiblichen christlichen Gefangenen in das Gefängnis von Mislea geschmuggelt.

Dann fiel die Sowjetarmee in unser Land ein. Angela verteilte russische Bibeln und Neue Testamente in den Bahnhöfen, wo die Züge voll sowjetischer Soldaten standen. Einige Schwestern wurden dafür verhaftet, begannen aber unverzüglich wieder damit, sobald sie entlassen wurden.

Als ich im Jahre 1951 im Tirgul-Ocna Gefängnis war, gab es in Rumänien einen der schwersten Schneefälle überhaupt. An manchen Orten türmte sich der Schnee fast 2 Meter hoch. Ich war damals tödlich an Lungen- und Wirbelsäulentuberkulose und einer Reihe anderer Dinge erkrankt.

Als die Kälte am bittersten war, gab der Gefängniskommandant den Befehl, daß kein Gefangener mehr als eine Decke haben dürfe. Wir zitterten vor Kälte. Inzwischen waren Transporte zum Stillstand gekommen. Die Verwaltung hatte keine Lebensmittel, die sie uns geben konnten. Wegen des Schnees konnten keine Familienmitglieder oder Freunde mit Paketen zum Gefängnis kommen.

Nur ein einziger Gefangener von den Hunderten, die damals in diesem Gefängnis waren, erhielt zu dieser Zeit ein Paket. Angela, deren Name auf rumänisch „weiblicher Engel" bedeutet, kämpfte sich ihren Weg durch die Berge von Schnee zum Gefängnis und gab ein Paket für mich ab.

Ich nahm die Geschenke an, die sie mit Schwierigkeiten auf ihren Schultern getragen hatte, und wir teilten sie mit dem Trost des Bewußtseins, daß wir nicht alleine waren.

Nun hat sie einmal einen Gottesdienst besucht, bei dem ich predigte.

Ich fragte sie, was sie von der Predigt halte. Ihre Antwort war nicht besonders schmeichelhaft: „Ich habe nicht viel zugehört. Es interessierte mich nicht besonders, was Du sagtest. Für mich genügt es zu sehen, daß Du nach allem, was Du durchgemacht hast, gesund genug bist, um zu predigen. Ich sehe Dein strahlendes Gesicht. Ich fühle die Liebe, die ihr beide verbreitet. Wenn Du nur den Segen am Ende des Gottesdienstes erteilt hättest, in dem jemand anderer gepredigt hätte, wäre es für mich genug gewesen."

Tue heute, was Du vorher vernachläßigt hast

Viele Führer des Weltkirchenrates, Lutheraner, Baptisten, Reformierte, Anhänger der Pfingstbewegung, Adventisten, weltbekannte Prediger besuchen nun in Scharen Rumänien und die anderen befreiten kommunistischen Länder.

Kaum einer von ihnen hat sich dafür entschuldigt,

die nicht existierende Religionsfreiheit in Rumänien unter dem kommunistischen Regime gelobt zu haben. Kaum einer von ihnen hat sich dafür entschuldigt, daß während der 45 Jahre des Terrors keiner dieser großen Körperschaften oder irgendeine nationale Glaubensgemeinschaft irgend etwas dazu getan hat, um den Familien der christlichen Märtyrer praktische Hilfe zukommen zu lassen.

Obwohl mein Name im Ausland bekannt war, erhielten meine Kinder während all der Jahre, die ich in Gefangenschaft verbrachte, keinen einzigen Pfennig, kein Paket und keinen Brief, die Besorgnis zum Ausdruck gebracht hätten. Ich könnte mich für die Tatsache verbürgen, daß nicht einer der Familien der christlichen Gefangenen zu dieser Zeit irgend etwas erhielt, bis die „Hilfsaktion Märtyrerkirche" gegründet wurde.

Dies ist nun alles Vergangenheit, und ich würde dies alles gerne unerwähnt lassen, wenn nicht eine gewisse Härte im Herzen noch vorhanden wäre.

Ich fordere jedermann dazu heraus, die obersten Führer der Religionsgemeinschaften zu fragen, ob sie in ihrem jährlichen Budget wenigstens einhundert DM monatlich für die Familien von Christen, die in moslemischen Ländern in Gefängnissen sind, zur Verfügung gestellt haben. Es gibt Gefangene aus Glaubensgründen in Ägypten, Malaysien und in Iran. In der moslemischen Türkei werden Christen schwer verfolgt. Vielleicht könnte die Kirche als Einheit nun das gutmachen, was sie damals vernachläßigt hat.

In den kommunistischen Ländern gibt es heute Missionen, die in dieser Hinsicht effektiv arbeiten. Lassen Sie die verschiedenen Konfessionen dasselbe in den moslemischen Ländern tun.

Die Sprache der Leidenschaft

Als ich im Westen begann, die Geschichte der Verfolgung im Osten zu erzählen, wurde ich im geringsten Falle der groben Übertreibung beschuldigt. Bischöfe und führende Prediger, die in der Sowjetunion, Rumänien und Ungarn gewesen waren, waren schnell daran, den Herrschern der Kommunisten ihr gutes Verhalten zu beurkunden. Ich selbst hörte, wie einer der bekanntesten Prediger in den Vereinigten Staaten bei seiner Rückkehr aus der Sowjetunion sagte: „Es gibt dort mehr Religionsfreiheit als in Großbritannien." Solche freundlichen Worte wurden auch über mein Heimatland gesagt. Habe ich übertrieben?

Zuallererst: Was ist falsch an Übertreibung? Warum sollte sich jemand dagegenstellen, wo sie doch die normale Redensart von Menschen ist, die über eine Sache sprechen, zu der sie eine leidenschaftliche Beziehung haben?

Wir lesen in Markus 1:5: „Ganz Judea und alle Einwohner Jerusalems zogen zu Johannes dem Täufer hinaus und ließen sich von ihm taufen." Ist dies eine Übertreibung oder nicht? Diejenigen, die große Hoffnungen in den Sieg des Königreichs setzen, sehen schon in kleinen Anfängen die gewaltigen Ereignisse, die folgen werden, genauso wie ein Vater es mit seinem Sohn tut.

Sind die Nachkommen Abrahams so zahlreich geworden wie die Sterne am Himmel oder der Sand im Meer? Diese sind jenseits der Berechenbarkeit. Dennoch lautete das Versprechen so. Hat Gott übertrieben?

Ist die Braut im Hohelied Salomos wirklich die einzige Schönheit, neben der andere Mädchen häßlich sind? Wenn nicht, warum sagt dann der Bräutigam:

„Wie eine Lilie unter Dornen, so ist meine Liebe unter den Töchtern"?

Es stört mich nicht, der Übertreibung schuldig zu werden, wenn ich mit Leidenschaft über die Leiden der Verfolgten spreche. Wenn ein gefolterter Mann aufschreit, höre ich mehr als eine Stimme schreien. Alle wirklich Gläubigen leiden mit dem einen, der da leidet. Jesus selbst leidet in ihnen. Warum hört Ihr nur den Schrei des einen, unwichtigen Mannes und nicht den Schrei Jesu, der in ihm ist?

Wieviele leiden? Wie groß ist das Leiden? Habt Ihr gute Ohren? Als Abel von seinem Bruder getötet wurde, war sein Schrei so laut, daß es von der Erde bis in den höchsten Himmel tönte (1. Buch Mose 4:10). Warum haltet Ihr mir dann vor, daß ich eine Stimme als die Stimme vieler höre?

Ich übertreibe niemals willkürlich, noch bin ich ein Verfechter exakter Zahlen.

Eichmann, der Kriegsverbrecher, der in Jerusalem für seine Beteiligung am Holocaust verurteilt wurde, sagte zu seiner Verteidigung: „Nicht sechs Millionen, sondern nur eine Million Juden wurden von den Nazis getötet." Für mich und meine Frau, die unter den Opfern Mitglieder ihrer Familie haben, würde die eine Million niemals nur eine Million sein.

Nun wo alles gesagt und getan ist, erkennt jeder, der selbst kommunistische Publikationen aus der UdSSR, Rumänien und anderen kommunistischen Ländern liest, daß nicht nur ich, sondern auch Solschenizyn, Bourdeaux und andere, sich der Untertreibung schuldig gemacht haben.

Selbst jetzt habe ich nicht die ganze Geschichte erzählt. Der Mann, der den Kommunismus in Rumänien an die Macht brachte, wurde später von seinen eigenen Genossen in einer solchen Weise gefoltert, die ich niemals irgend jemandem erzählen könnte, einschließlich meiner Frau. Kein Verleger würde so gewalttätige Obszönitäten drucken.

Inzwischen haben mehrere Zeitungen und Zeitschriften in Europa vom Weltkirchenrat und dem Lutherischen Weltbund verlangt, sich bei mir zu entschuldigen. Ich entbinde sie dieser Verpflichtung. Aber ich wäre dankbar, wenn sie gegen die Grausamkeiten Stellung beziehen würden, die heute dort begangen werden, wo Kommunisten an der Macht sind. Sie sollen auch diejenigen aus ihrer Führung entlassen, die Menschen über nicht existierende Religionsfreiheit unter den Roten in die Irre geführt haben.

Eine finstere Situation

Nach vielen Predigten wurde ich von Gläubigen zum Essen in ihr Heim eingeladen.

In einem sehr armen Hause wurde meiner Frau und mir Huhn serviert, aber aus dem Ausdruck auf den Gesichtern der Kinder erkannte ich, daß sie so etwas noch nie gegessen hatten. In Rumänien gibt es ein Sprichwort: „Wenn eine arme Familie Hühnchen ißt, ist entweder das Hühnchen oder die Familie krank."

Wir sagten, wir seien nicht hungrig, und jeder aß nur einen Flügel.

In anderen Heimen gab man uns gutes Essen, aber wir erkannten bald, daß es zu hohen Preisen auf dem Schwarzmarkt gekauft worden war, und daß die Familien nur sehr sehr wenig essen würden, wenn wir gegangen waren. Meine eigenen Kinder haben, nach dem sie lange vorher gewußt hatten, daß wir in Rumänien sein würden, Lebensmittel gehortet, indem sie stundenlang, Tag für Tag über Wochen hinweg Schlange standen.

Der Talmud sagt: „Jede Mahlzeit, bei der sich das Gespräch um etwas anderes dreht als um das Wort Gottes, ist ein Götzendienst." Ich versuche mich an diesen Spruch zu halten. Familien haben so wenig Zeit sich zu verständigen, daß die Essenszeit, sowohl der geistigen als auch der physischen Ernährung dienen sollte.

Aber es gab auch Witze. Ein ehemaliges Mitglied der kommunistischen Partei sagte: „In vergangenen Zeiten mußtest Du von zwei Parteimitgliedern empfohlen werden, um aufgenommen zu werden. Heute reicht nur noch eine psychiatrische Bestätigung von einem Psychiater, daß Du verrückt bist."

Trotz der großen Armut gab es Freude und Glück bei den Mahlzeiten.

Aber die Situation war, ohne Hoffnung auf eine Verbesserung in voraussehbarer Zukunft, eine düstere.

Ich kannte die Zahlen: im ersten Quartal des Jahres 1990 waren die Produktivität der Arbeiter und das Bruttosozialprodukt im Vergleich zum Vorjahr um 42% gesunken. Der Außenhandel war buchstäblich zum Stillstand gekommen. Es gab keine neuen Kapitalzuflüsse für die Wirtschaft.

Die gesamte sozialistische Wirtschaftsplanung ging zum Fenster hinaus. Ohne Rohstoffe standen viele Fabriken still. Privatunternehmen sind nun erlaubt, aber wo soll man beginnen, wenn kein Kapital vorhanden ist?

Selbst für das kleinste Geschäftswagnis sind keine Waren vorhanden.

Der Übergang vom Kapitalismus zum Sozialismus

ist einfach. Man zerstört einfach, was die Vorgänger zustande gebracht haben. Aber der Übergang vom Kommunismus zum Kapitalismus und zum System der freien Marktwirtschaft hat noch nie stattgefunden. Wird er erfolgreich sein? Um einen freien Markt zu schaffen oder wieder zu schaffen, wird Kapital benötigt. Historisch gesehen begann der Kapitalismus in Europa dank der riesigen Goldfunde bei Entdeckung Amerikas.

Wo soll Rumänien Kapital herbekommen? Die westlichen Kapitalisten haben kein Vertrauen in die neue Regierung, weil sie keine wirkliche Veränderung darstellt. Die Führer fühlen sich genauso wie ihre Vorgänger dazu berechtigt, nach ihrer Willkür Unschuldige hinzuschlachten.

Zwischen dem 13. und 15. Juni 1990 lagen eine Vielzahl von Leichen (niemand weiß genau wieviele) und zahllose Verwundete, viele für das Leben entstellt, in den Straßen von Bukarest. Die Mörder waren, wie der westlichen Presse mitgeteilt wurde, angeblich Minenarbeiter, obwohl das Volk weiß, daß sie Männer der ehemaligen Securitate waren, die mit Helmen von Minenarbeitern verkleidet waren. Als diese „Minenarbeiter" ihr blutiges Werk vollendet hatten, wurden sie von Präsident Iliescu für ihre „proletarische Solidarität" beglückwünscht.

Es waren apokalyptische Tage. Horden kommunistischer Polizisten, die mit Eisenstangen und Äxten bewaffnet waren, durchzogen die Straßen und töteten Menschen im Namen einer Regierung, die sich selbst demokratisch nannte. Dämonokratisch wäre wohl treffender. Die Bilder solcher Ereignisse halten noch lange vor, wenn die Straßen geräumt sind. Die Menschen hören das wilde Geheul der Mörder und die Klagerufe der Verwundeten.

Eine gesunde Wirtschaft, ein System freier Marktwirtschaft kann auf einer solchen Grundlage nicht errichtet werden. Anders als all die anderen osteuropäischen Länder, die ebenso kommunistisch waren, erhält Rumänien wenig Hilfe aus dem Westen. Dies wurde bei einer Konferenz der 24 Industrienationen in Brüssel beschlossen.

Kapitalismus und Kommunismus

Und so gab es bei den Mahlzeiten Diskussionen über geistige Dinge, gemischt mit Liedern und Witzen, aber keine fühlbare Hoffnung für die unmittelbare Zukunft des Landes, soweit es die Lebensbedingungen betraf.

Angesichts all ihrer bitteren Erfahrungen mit den sozialistischen Wirtschaftssystemen ist es nur angebracht, daß sich Christen überlegen, wie ihre Einstellung im Konflikt zwischen Kapitalismus und Kommunismus sein soll.

Schlechte Menschen können keine guten sozialen Systeme errichten. Sklaverei, Feudalismus, Kapitalismus, Kommunismus – sie alle sind mit Sünde befleckt. Dennoch unterscheiden die Weisen nicht nur zwischen gut und schlecht, sondern auch zwischen gut und besser oder zwischen schlecht und schlechter.

Von allen Gesellschaftssystemen, die bis heute von Menschen geschaffen wurden, ist der Kommunismus sicher das schlechteste. Vor einhundertfünfzig Jahren glaubte Marx, daß der Kapitalismus bald untergehen würde. Vor siebzig Jahren glaubte Lenin an den nahen Sieg der kommunistischen Revolution. In den Vereinigten Staaten wurde die große Depression der dreißiger Jahre als Zeichen dafür angesehen, daß der

Kapitalismus auf dem Sterbebett sei. Das war er nicht. Der Kapitalismus genießt große Vitalität, der Kommunismus ist todkrank.

Der Kapitalismus hat sich als das einzige Produktionssystem erwiesen, das durch seine ureigenste Natur sicherstellt, daß neue Techniken entwickelt werden und so der Lebensstandard der Massen gehoben wird.

Im Kapitalismus folgen auf Krisenzeiten, Zeiten der Erholung. Technische Entwicklungen sichern dies. Neue Entwicklungen führen zu neuen Wirtschaftszweigen. Der Wettbewerb stellt sicher, daß Waren mit der Zeit billiger werden. Die Zahl der Konsumenten wächst. Neue Unternehmen werden geschaffen und mit ihnen mehr Arbeitsplätze. Die große Zahl der Arbeitslosen in den kapitalistischen Ländern ist der Tatsache zuzuschreiben, daß die Arbeitssuchenden sich selbst nicht qualifiziert haben. Für diejenigen, die dies getan haben, oder die bereit sind zu arbeiten, ist die Arbeitslosigkeit im allgemeinen kein langfristiges Problem im Kapitalismus.

Mit anderen Worten, unter dem Kapitalismus gibt es keine permanente Krise.

Im Gegensatz dazu kann es unter dem Sozialismus keine langen Perioden des Fortschrittes geben. Niemand ist hier daran interessiert, Kapital zu investieren, da alle Gewinne dem Staat zufließen. Ein politischer Organismus, der Staat, entscheidet darüber, welche Fabriken gebaut werden sollten, und wie die Güter zu verteilen sind. Man muß keinen Hochschulabschluß haben, um zu erkennen, daß als Folge solch zentraler Lenkung die Geschäfte immer leer sind.

Politiker entscheiden über die Gehälter. Rumänien stellt ein bitteres Beispiel hierfür dar. Während des Wahlkampfes im Juni 1990 kündigte die Regierung für viele Industrien eine Lohnerhöhung von 50% an. Da alle Unternehmen dem Staat gehören, war dies einfach. Nach den Wahlen hat dieselbe Regierung, die diesen Krieg benutzt hatte, um die Wahlen zu gewinnen, erklärt, daß niemand in der Industrie ein fixes Gehalt beziehen solle, sondern daß diese vielmehr durch die Produktivität bestimmt würden. Da jedoch weder Kapital für die Produktivität, noch Güter, selbst für die dringendsten Reparaturen an den Produktionsmaschinen, vorhanden sind, hinkt die Wirtschaft, und die Arbeiter sind lahmgelegt.

Warnsignale über den Zustand der Wirtschaft machen den Planungskommissionen, die die wirklichen Bosse sind, keine Sorgen, weil ihre Mitglieder für ihre Tätigkeit keinen Profitanreiz haben. Sie erhalten ein bescheidenes Gehalt, ob der Plan erfüllt wird oder nicht.

Auf der anderen Seite reagieren Kapitalisten schnell auf wirtschaftliche Indikatoren, da ihr Kapital auf dem Spiel steht. Sie können Millionäre werden, oder Pleite gehen. Der Anreiz des Gewinnes scheint wirtschaftliche Katastrophen zu verhindern. Unter dem Kommunismus arbeiten veraltete Unternehmen weiter, obwohl sie keinen Profit bringen. In vielen Ländern kam der Zusammenbruch des Kommunismus ohne Revolution. Rumänien war die Ausnahme. In Ungarn, der Tschechoslowakei, Polen, Ostdeutschland und der UdSSR, starb der Kommunismus einen natürlichen Tod, weil er einfach nicht funktioniert.

Der Kapitalismus hat schwerwiegende Schwächen, aber er ist das beste Wirtschaftssystem, das die Menschheit hervorgebracht hat. Aus Notwendigkeit müssen Christen ihn etwas weit schlimmerem, dem marxistischen Zentralismus, vorziehen.

Staaten, die vom Kommunismus gekostet haben,

zeigen nun ihre Ablehnung für dieses System. In Rumänien, wie in den benachbarten osteuropäischen Länder, haben die Menschen die Statuen von Marx, Stalin und Lenin mit schweren Seilen und der Kraft vieler Männer niedergerissen, so stark ist ihr Aufbäumen gegen die „Götter", die ihnen aufgezwungen wurden. Manche der Statuen werden für teures Geld westlichen Sammlern angeboten.

„Wie ein Traum wenn einer erwacht, so machst Du, Herr, ihr Bild in der Stadt verschmäht" (Psalm 73:20). Ursprünglich waren Bilder Ceausescus überall zu sehen. Nun sieht man kein einziges mehr.

Das Gespenst der Hungersnot

Christen in Rumänien haben, wie der Rest seiner Bewohner, heutzutage wenig Zeit, über schwerwiegende soziale oder geistige Probleme nachzudenken. Das einfache Verdienen des täglichen Brotes verbraucht schon mehr, als die Kraft eines normalen Mannes. Und es besteht noch größere Gefahr für alle ehemaligen europäischen kommunistischen Länder, ganz besonders für Rumänien, das von der Hilfe durch die USA und die europäischen Gemeinschaften ausgeschlossen ist. Rumänien wird wegen der Brutalität und Instabilität seiner Regierung, die nahezu ausschließlich aus Kommunisten besteht, und bisher kaum Zeichen der Veränderung gegeben hat, von jenen gemieden, die Kapital investieren könnten.

Es herrscht galoppierende Inflation. Die Preise für die notwendigsten Güter sind gestiegen. Löhne sind gefallen. Weit verbreitete Arbeitslosigkeit ist unvermeidbar, da unproduktive und unwirtschaftliche Fabriken, die von unvernünftigen staatlichen Planstellen am Leben erhalten werden, geschlossen werden müssen. Es gibt keine Gesetzgebung für Arbeitslose. Alle wohltätigen christlichen Institutionen sind seit langem abgeschafft worden.

Inzwischen schwebt das Gespenst der Hungersnot über Rumänien.

Im Winter sind die Häuser nicht warm genug. Säuglinge, die im warmen Schoß der Mutter genährt wurden, werden in kalte Krankenhauszimmer hineingeboren und erkranken.

Im benachbarten Ungarn, ebenso einmal kommunistisch, wurde es der Mutter Teresa von Kalkutta erlaubt, Suppenküchen zu eröffnen – aber nicht in Rumänien.

Führende Spezialisten der Wirtschaft, Finanzen und Industrie sind entlassen worden, weil die Öffentlichkeit Kommunisten einfach verabscheut. Andere Kommunisten in der Regierung haben ihre Genossen dem Zorn des Pöbels geopfert, mit dem Erfolg, daß die Wirtschaft von Nichtskönnern geführt wird.

Die landwirtschaftlichen Kollektive sind nicht mehr produktiv. Niemand hat wirklich Interesse daran, für sie zu arbeiten, aber wer hat das Kapital und die Maschinerie für privatwirtschaftliche Landwirtschaft? Ehemalige Bauern würden selbst dann Land verweigern, wenn man es ihnen zurückgeben würde, weil sie den Kommunisten mißtrauen. Die rumänischen Bauern besaßen einmal Land, und es wurde ihnen von den Kommunisten gestohlen. So wurde die Landwirtschaft zerstört. Welche Garantie haben sie dafür, daß die Kommunisten, die nun an der Macht sind, ihnen nicht, nachdem sie ihnen erlaubt haben, wieder zu produzieren, ein zweites Mal alles wegnehmen würden?

Wem es gelingt, der flieht aus Rumänien. Nicht nur

deutsche, ungarische, zigeunerische und jüdische Minderheiten, sondern auch Rumänen. Aber welches Land ist bereit und in der Lage, die Millionen aufzunehmen, die aus dem ehemaligen Ostblock herauszukommen hoffen?

Außer Christen weiß niemand in Rumänien (oder Ungarn, Bulgarien, Polen und der Sowjetunion) wirklich, was zu tun ist. Die Gläubigen wissen selbst unter den schlimmsten Umständen genau, was zu tun ist: Wenn man nicht weiß, was zu tun ist, ist es geboten, nichts zu tun, aber mit Geduld und Vertrauen Gott tun zu lassen. Er kannte schlimmere Situationen als diese!

Nicht alles weggenommen

Als die Kommunisten es übernahmen, bestand das rumänische Volk zum größten Teil aus Kleinbauern. Diese Kommunisten wurden von der Lehre Lenins inspiriert (Band 40, Seite 220): „Wir werden die Kollektivierung ohne Angst vor Zwang einführen. Revolutionen sind niemals ohne Zwang zustandegebracht worden. Das Proletariat hat auch das Recht, ihn zur Erreichung seiner Ziele einzusetzen, um so sicherzustellen, daß sein Wille erfüllt wird."

Trotzky sagte: „Unser Bauerntum ist ein Verbündeter der amerikanischen Millionäre. Wir können Amerika nicht erreichen, aber wir können diese mit unserer Kavallerie, unseren Panzern und Schwertern unterdrücken."

Bucharin, ein anderer führender kommunistischer Theoretiker Russlands, schrieb: „Unsere Partei ist die am stärksten militärisch geformte Organisation."

In Rumänien traten die Kommunisten in der Tat militärisch auf, in dem sie den Bauern alles nahmen, was sie hatten: Felder, Schafe, Vieh, Arbeitsgeräte, Häuser, Möbel. Jeder kleine Bauer wurde zu einem Sklaven des Staates, der um einen Hungerlohn auf einem Feld arbeitete, das nicht mehr ihm gehörte.

Ceausescu war einer der Hauptorganisatoren dieser Kollektivierung. In der Provinz Dobrogea nahm er dies auf die allereinfachste Weise vor. Alle Dorfbewohner mußten sich auf dem Dorfplatz versammeln und wurden dazu aufgefordert, freiwillig ihre Besitztümer aufzugeben. „Wer ist dafür?" Niemand erhob seine Hand. So erschoß Ceausescu persönlich zehn Leute.

Dann wurde ein zweites Mal abgestimmt. Alle stimmten dafür, „freiwillig" ihren Besitz aufzugeben. Militärmusik spielte auf. Sie wurden gezwungen zu tanzen. Um dieser boshaften Vergewaltigung die Krone aufzusetzen, wurde noch ein Film über ihren enthusiastischen Beitritt zum Sozialismus angefertigt! Dadurch wurde der landwirtschaftliche Sektor Rumäniens zerstört. In einem Land, das ehemals ganz Westeuropa ernähren konnte, wurden Bauern gezwungen, um Brot Schlange zu stehen und konnten keines erhalten.

Ich lernte einmal einen Bauern kennen, der unmittelbar nach der Kollektivierung zu mir kam. Er berichtete damals: „Sie dachten, sie haben alles genommen. Aber ich sagte meiner Familie: „Sie haben etwas sehr wichtiges zurückgelassen – unsere Gesangbücher. Wir setzten uns hin und sangen."

Es erinnerte mich an diejenigen, die „den Raub ihrer Güter mit Freuden erduldet haben, da sie wußten, daß sie selbst eine bessere und bleibende Habe im Himmel haben" (Hebräer 10:34). Wir umarmten uns. Auch ich hatte diese Freude schon mehrmals in meinem Leben kennengelernt.

Meine Predigten wiedergehört

Einer der rührendsten Ereignisse während dieses Besuches in Rumänien war die Begegnung mit Brüdern, die sagten, daß sie mich schon vor dreißig, vierzig oder sogar fünfzig Jahren hatten predigen hören.

Wenn mir jemand erzählt, daß er eine Predigt von mir vor vielen Jahren gehört hat, frage ich immer: „Was habe ich gesagt?"

Ich glaube, daß das Hören einer Predigt ein existenzielles Ereignis sein soll, etwas, daß das Leben verändert. In einer Predigt soll der Prediger nicht nur über Christus sprechen, sondern ihn verkörpern. Ein Schauspieler spricht nicht über Faust oder Romeo; er ist die Person, wenn er auf der Bühne ist. Während des Schauspiels im Theater wird sein persönliches Leben vollständig beiseite gelegt. Er spricht genau so, wie Faust oder Romeo sprechen würde, wenn er Julia begegnet.

Ebenso der Pastor. Nicht nur durch seine Worte, sondern auch durch seine Gesten, durch den Ausdruck in seinem Gesicht, durch seinen Blick, den Klang seiner Stimme und durch das Licht des Geistes, das durch ihn hindurch scheint, muß er den Eindruck vermitteln: „Ich bin Jesus heute begegnet. Er spricht zu mir."

Vor fünfzig Jahren hörte ich solch eine lebenswichtige Predigt, und noch heute könnte ich selbst die Gesten des Bischofs wiedergeben, der sie gehalten hat.

Als ich Prediger wurde, nahm ich die Worte ernst, daß wir „so laufen müssen, daß wir den Preis erlangen" (1. Korinther 9:24). Dies ist nur möglich, wenn man schneller läuft, als alle anderen. So las ich Predigten von großen Predigern, lauschte den besten Predigern aller Bekenntnisse in Rumänien und nährte eine

Sehnsucht, einmal ihr Niveau zu erreichen und wenn möglich, zu übersteigen.

Ich bin noch nicht der große Prediger geworden, der ich werden wollte (ich habe immer noch Hoffnung – ich bin nur zweiundachtzig), aber ich wollte herausfinden, wieviel ich erreicht hatte. Daher stellte ich jenen, die sagten, daß sie mich vor einem halben Jahrhundert gehört hatten, meine übliche Frage: „Was habe ich gesagt?" Einige erzählten es mir.

Die Legende von Gorun

Eine Predigt hatte mit der Legende von Gorun, einem geliebten Schüler des Meisters, begonnen.

„Es ist Gutes in Dir", sagte Jesus zu ihm. „Ich will, daß Du auf dem Berg Karmel ein Zelt für Dich aufschlägst und dort eine Weile in Meditation und im Gebet verharrst." Er tat dies.

Bald verbreitete sich in alle umliegende Dörfer das Gerücht, daß ein junger Heiliger seinen Wohnort in dieser Gegend aufgeschlagen habe.

Eines Tages ging Gorun zum nächstgelegenen Dorf und bettelte: „Bitte gebt mir eine Decke. Die Ratten haben meine alte angenagt, und sie hinterlassen einen üblen Geruch (ich kenne dies von meinem Leben im Gefängnis). Deshalb kann ich nicht schlafen."

Die Dorfbewohner gaben ihm gerne, worum er bat. Nach wenigen Tagen bat er wieder um eine Decke, weil die Ratten auch an der zweiten genagt hatten. Kurz darauf dasselbe, dann abermals. Schließlich sagte jemand: „Wir sollten Ihnen besser eine Katze geben. Das würde das Problem endgültig lösen."

Gorun kehrt glücklich in seine Behausung zurück. Die Ratten hatten nun nicht mehr die Überhand.

Aber nach zwei Tagen war er wieder da. „Könntet Ihr mir bitte etwas Milch für die Katze geben?" Die Dorfbewohner waren gerne dazu bereit.

Aber der Bedarf dauerte an. So entschlossen sie sich, ihm eine Kuh zu geben.

Aber wieder kam er zurück: „Ich brauche etwas, um die Kuh zu füttern." Sie gaben ihm Weideland. Bald kam er wieder. Er war es nicht gewöhnt, sich um Land und Tiere zu kümmern, und so gaben sie ihm zwei Arbeiter, die ihm helfen sollten. Dann brauchte er Ziegel und Baustoffe, um Häuser für die Arbeiter zu bauen. Dann kalbte die Kuh, und so weiter und so weiter.

Jahre vergingen und Jesus kam, um seinen geliebten Schüler zu besuchen. Ein beleibter Mann begrüßte ihn und fragte: „Was bringt Sie in diese Gegend? Was möchten Sie kaufen?" Der inzwischen wohlhabend gewordene Händler Gorun erkannte seinen Meister nicht mehr.

Mit dieser Legende beginnend hatte ich gelehrt, daß wir keinen Abstand, nicht einmal einen Steinwurf Entfernung, zwischen uns und Jesus lassen dürfen. Selbst in so geringer Entfernung schliefen die Jünger, während Jesus in Gethsemane Qualen erlitt. Macht Geschäfte nur, wenn der Herr durch mitfolgende Zeichen bei Euch steht (Markus 16:20), wie Ihr es in Eurem christlichen Bemühen tut. Wenn nicht, gebt das Geschäft auf.

Verlaßt Jesus nicht einmal für die heilige Meditation oder große missionarische Taten. Still an seiner Brust zu liegen, wie der Apostel Johannes, ist selbst dem größten Unternehmen in seinen Diensten vorzuziehen. Wer einmal an dieser Brust gelehnt hat, kann nirgendwo anders mehr volle Freude finden.

Jesus sagte: „Das erste von allen Geboten ist:

‚Höre, Israel!'" (Markus 12:29). Höre das Schlagen meines liebenden Herzens. Alles andere folgt daraus."

Nichts sollte den liebenden Gesten für den Einzigen vorgezogen werden, der uns zum ewigen Leben führt. Es ist Tiefe im Abschwören von allem anderen. Der Teufel kann einen vom Leben eines Einsiedlers auf Karmel wegreißen, aber nicht von der Brust Christi selbst.

Gesegnet ist der Mann, der sowohl seine weltliche und religiöse Arbeit tun kann, während er geistig gesprochen an seiner Brust ruht. Wenn er nicht beides tun kann, sollte er stille Anbetung der Arbeit vorziehen.

Ein beinahe achtzig Jahre alter Bruder wiederholte mir diese Predigt, die er fünfzig Jahre zuvor gehört hatte. Er tat mir einen guten Dienst.

Zähle Deine Sekunden

Jemand anderer erinnerte mich an eine dreißig Jahre alte Predigt über Psalm 90:12. Wiederum hatte ich mit einer Geschichte begonnen (an Predigten ohne Illustrationen erinnert man sich nicht):

Ein Mann mußte spät in der Nacht zu einem weit entfernten Dorf gehen. Die Reise war eintönig, besonders da es dunkel war und er die Straße kaum sehen konnte. Auf einmal stolperte er über etwas auf seinem Weg. Er griff nach unten und hob einen kleinen Sack voller Steinchen auf. Um sich abzulenken, warf er von Zeit zu Zeit eines in den Fluß, der neben der Straße, auf der er wanderte, floß. Plitsch... Plitsch... Das Geräusch des Platschens war ein harmloses Vergnügen.

Als er sein Ziel erreichte, waren nur noch zwei Steinchen übrig. Im beleuchteten Haus sah er, daß es

Diamanten waren. Er hatte ein Vermögen verschleudert.

Unsere Tage bestehen aus Sekunden. Es sind zweiunddreißig Millionen Sekunden in einem Jahr. Ein Mensch, der dreißig Jahre gelebt hat, ist für eine Milliarde Sekunden verantwortlich.

Jede Sekunde ist uns von Gott gegeben, um sie in seinem Dienst zu verwenden. Wenn wir dies nicht tun, kehrt die Sekunde traurig zu Gott zurück und berichtet, daß wir sein kostbares Geschenk mißachtet haben.

Dann erzählte ich von einem General der ehemaligen königlichen Armee, mit dem ich zusammen im Gefängnis gewesen war. Er war todkrank. Wenn ich zu ihm von Gott sprach, zeigte er kein Interesse. Aber dann kam seine letzte Stunde, und er bat um einen Priester.

Es waren genügend Priester in diesem Gefängnis, aber es brauchte Zeit, um einen von einer anderen Zelle herzuholen. Als er kam, konnte der General nicht mehr sprechen und die Beichte ablegen. Der Priester gab ihm die Kommunion, aber er konnte die Hostie nicht schlucken. Er starb, ohne Beichte und Kommunion. Er erkannte den Wert des Schatzes erst, als die letzten Diamanten im Sack verblieben waren.

Ich sprach davon, wie gut Jesus seine Sekunden genutzt hatte, selbst als er gekreuzigt wurde: Verzeihung für seine Kreuziger, Erlösung für einen Räuber, gute Worte an seine heilige Mutter und einen geliebten Schüler, die Versicherung, daß alle Dinge, die für unser Heil benötigt werden, erfüllt sind, und ein vertrauensvolles Gebet an Gott. Selbst unter diesen schrecklichen Umständen waren die Augenblicke nicht verloren.

„Nütze Deine Zeit gut. Zeit ist das kostbarste Gut.

Verlorenes Geld kannst Du wiedererlangen, nicht aber verlorene Zeit. Nütze Deine Zeit im Dienste des Herren."

Physische Taten vermitteln den Geist

Ich war in Oradea, der Stadt mit der größten evangelischen Kirche Rumäniens, einer Baptisten Kirche, geleitet von Dr. Gheorghitza und Pastor Negrutz, mit 2.500 aktiven Mitgliedern und einer Kirche der Pfingstbewegung mit etwa 2.000.

Ich hatte Pastor Gheorghitza gekannt, als er sehr jung war. Er betrachtet sich, wie auch andere Prediger dieser Generation, als einen meiner Schüler.

Aus Platzgründen kann ich an dieser Stelle nicht all die Dinge wiedergeben, die ich in diesen Kirchen predigte, aber ich werde einen Ausspruch erwähnen, der die Zuhörer erstaunte.

Ceausescu wird von der gesamten Bevölkerung gehaßt. Ich habe niemals gehört, daß ein gutes Wort über ihn gesprochen wurde. Alle sprechen schlecht von ihm, außer von Christen, die vom Erzengel Michael gelernt haben, es nicht zu wagen, selbst gegen den Teufel eine lästerliche Beschuldigung vorzubringen, (Judas 9).

Wir bringen oft solche Beschuldigungen gegen Männer, selbst gegen tote Männer, vor. Was mich betrifft, so wurde ich eines Nachts von einer Stimme gewarnt, die sagte: „Spreche gegen Tote nichts Böses. Sie hören uns. Wenn sie verloren sind, haben sie Schmerzen genug. Füge nicht noch etwas hinzu."

Nun war die Gemeinde gespannt, meine Botschaft zu hören. Alle Augen waren auf mich gerichtet. Ich sprach aus Johannes 20:22, 23: „Jesus hauchte sie an und sprach zu ihnen: Empfanget den Heiligen Geist! Wem Ihr die Sünden vergebt, dem sind sie vergeben."

„Ein physischer Akt, eine besondere Art zu atmen", fuhr ich fort: „kann den Heiligen Geist verleihen. Bei der Ordination zum Pastor verleiht ein anderer physischer Akt, das Auflegen der Hände, die Gaben des Geistes. Körper können das Werkzeug des Geistes sein, der nicht nur durch Worte, sondern auch durch einen wirklich warmen Händedruck, einen liebevollen Blick, einen Gesichtsausdruck, der Güte und Verständnis ausstrahlt und einen brüderlichen Kuß mitgeteilt werden kann. Ein Mann des Geistes sollte dies nicht nur in seinen Worten, sondern auch in all seinen Gesten sein."

Ich verteidige Ceausescu

Dann brachte ich zur Verblüffung meiner Zuhörer meinen zweiten Punkt vor: „Warum hat Jesus den Aposteln den Geist verliehen? Er beantwortet die Frage: damit sie Sünden zu vergeben oder zu verhindern vermögen.

„Ich bedauere es, nicht in Rumänien gewesen zu sein, als Ceausescu verurteilt wurde. Ich hätte mich freiwillig zu seiner Verteidigung gemeldet."

Es war offensichtlich, daß die Zuhörer ihren Ohren nicht zu trauen wagten. Ich hatte den Ruf, ein grimmiger Antikommunist zu sein, der, selbst als einige der besten Pastoren Kompromisse schlossen, gegen den Kommunismus eintrat. Ceausescu verteidigen? Kommt nicht in Frage! Nicht nur, daß er und seine Frau, zur Befriedigung aller, erschossen worden waren, alle seine Kinder, Brüder und Verschwägerten wurden ins Gefängnis gesteckt. Den Namen Ceausescu zu tragen war Verbrechen genug.

Ich fuhr fort: „Ich war mit einem ehemaligen Polizeimajor im Gefängnis. Seine Gefängnisstrafe lautete auf zwanzig Jahre. Er behauptete, ein Christ zu sein, bekreuzigte sich ständig und betete zu Gott, der Jungfrau und einer Reihe anderer Heiliger."

„Dieser Mann war dafür verurteilt worden, daß er während des Krieges, in der faschistischen Epoche, einen Knaben von vierzehn Jahren verhaftet hatte, der kommunistische Flugblätter verteilt hatte, was damals strengstens verboten war. Dieser Knabe war Mitglied einer atheistischen Organisation, der Kommunistischen Jugend."

„Was für eine Gelegenheit war dies für einen Christen! Der Major hätte den Knaben sich hinsetzen lassen und die Gelegenheit ergreifen sollen, ihm auf liebevolle Weise zu zeigen, wie unrecht er hatte. Er hätte ihm einen besseren Weg weisen sollen, den Weg Christi."

„Stattdessen verprügelte er den Knaben auf brutalste Weise. Mit jedem Hieb, den er ihm zufügte, stärkte er in ihm seine atheistischen Überzeugungen und festigte seinen Haß gegen Gott."

„Der Name dieses Knaben war Nicolai Ceausescu. Einige der bedeutendsten Verbrecher der Geschichte – Hitler, Stalin, Lenin, Marx – hatten ebenso frühe Begegnungen mit Christen, die die Gelegenheit nicht gut nutzten."

„Einmal warfen die Wärter einen katholischen Priester in meine Zelle, der schwer geprügelt worden war und blutete. Wir wuschen ihn so gut wir konnten und gaben ihm Wasser zu trinken."

„Als er zu sich kam, fragte ich ihn: ‚Können Sie wie Jesus beten: Vater vergib ihnen, denn sie wissen nicht was sie tun?'"

„Er antwortete: ‚Jesus konnte, ich kann es nicht. Mein Gebet würde viel eher lauten: Vater, vergib mir und ihnen, denn wäre ich ein besserer Priester gewesen, wären sie vielleicht nicht zu Folterern geworden.'"

„Ich hätte dem Gericht, das die Ceausescus verurteilte, all dies gesagt", fuhr ich fort, „und hätte geschlossen: ‚Urteilt für Euch selbst, ob Ihr keinen Anteil an ihren Verbrechen habt.' Dann forderte ich die Zuhörer auf: ‚Beurteilt Euch selbst, ob Ihr Euer Äußerstes getan habt, um mit den Kommunisten die Lehren Jesu zu teilen und sie von ihrem bösen Tun abzubringen.'"

„1918 töteten die russischen Kommunisten Zar Nikolaus II., seine Frau, seine vier Töchter, den zwölf Jahre alten Kronprinzen und ihre Diener. Nach dem Mord fanden sie im Haus ein handgeschriebenes Gedicht, das aus der Feder der fünfzehn Jahre alten Prinzessin Olga stammte:

Auf der Schwelle des Grabes,
lege auf die Lippen Deiner Diener
übermenschliche Kraft, um in Demut
für unsere Feinde zu beten.

Auch dies hätte ich gegenüber den Richtern zitiert. Mögen wir alle die wunderschöne Kunst der Vergebung erlernen."

In den Augen vieler in der Gemeinde waren Tränen.

„Gorbatschow, erinnere Dich an das Los Ceausescus!"

Es war mir nicht möglich, vor Gericht zu erscheinen, um Ceausescu zu verteidigen. Er und seine Frau

Elena waren beide zum Tode verurteilt worden. Sie wurde hingerichtet. Er wurde schwerstens gefoltert, damit er preisgeben sollte, wo er – im Ausland – die Millionen, die er dem Staat angeblich gestohlen hatte – deponiert hatte. Er soll während der Folter an einem Herzinfarkt gestorben sein. Sein Körper wurde beschossen und öffentlich im Fernsehen zur Schau gestellt.

Der Tod Ceausescus versetzte andere kommunistische Diktatoren und ihre Handlanger in Schrecken. Der Vorsitzende des Tribunals, das ihn verurteilt hatte, beging eine Woche später Selbstmord.

Auch in Ostdeutschland begingen sieben Generäle der „Stasi" Selbstmord. Diese sind bekannt. Niemand weiß, wieviele ihrer Untergebenen dasselbe getan haben. Auch unter den Offizieren des sowjetischen KGB gab es zahlreiche Selbstmorde.

Am 15. Juli berichtete das russische Magazin „Gudok" von einer Demonstration in Moskau, unter der Teilnahme von schätzungsweise 400.000 Menschen.

Es waren Plakate mit Botschaften zu sehen, die ein Jahr zuvor noch undenkbar waren: „Nieder mit der Kommunistischen Partei!", „Nieder mit dem KGB!", „Kommunismus ist die Geißel des 20. Jahrhunderts.", „Die Kommunistische Partei besteht aus Henkern und Betrügern.", usw. Aber der auffallendste Slogan war: „Gorbatschow, erinnere Dich an das Los Ceausescus!" Dann gab es noch einen anderen Slogan, in dem Fanny Kaplan gerühmt wurde, ein Mädchen, das 1921 bei einem Anschlag Lenin verwundet hatte.

Ein Mitglied des Obersten Sowjet, Murashov, hielt eine Rede, in der er sagte: „Wir wollen keine Neustrukturierung (Perestroika) des Kommunismus. Keine Reformen, keine Veränderungen. Der Kommunismus soll untergehen. Die Rumänen haben mit Ceausescu das Richtige gemacht."

Ein General des KGB, Oleg Kalughin, ist in die Reihen der Gegner Gorbatschows übergetreten. Er erklärt, daß er ein Demokrat geworden sei, aber die Gegner glauben ihm nicht. Sie fordern ihn dazu auf, die in seiner Karriere begangenen Verbrechen aufzuzählen, die ihm den Aufstieg in den Generalsrang ermöglicht haben. In den Debatten der Presse über ihn, wird angedeutet, daß er und andere nur wegen des Schicksals Ceausescus die Seiten gewechselt haben.

Was ihm passiert ist, versetzte die kommunistischen Diktatoren von Albanien, der Mongolei, Korea und Äthiopien in Schrecken, die alsbald Schritte unternahmen, um mit ihrem eigenen Volk zurecht zu kommen. Das rumänische Blut, das von Märtyrern der Revolution für die Sache der Befreiung vergossen wurde, hat weitreichende Wirkung gehabt.

Brauchen wir zwei Religionen?

In Oradea hatte ich eine meiner bemerkenswertesten Begegnungen: mit meinen ehemaligen Mithäftlingen Pastor Visky, Pastor Szoke und andere von den sogenannten Bethanisten, einer Erneuerungsbewegung innerhalb der ungarischsprachigen Reformierten Kirche, etwa wie „Entschiedenes Christentum" (EC) in Deutschland.

Mehrere Mitglieder dieser Gruppe, Theologiestudenten ebenso wie Pastoren, einschließlich Pastoren der Ungarischen Unierten Kirche, waren in einer riesigen Zelle, zusammen mit katholischen und orthodoxen Priestern, insgesamt etwa sechzig oder siebzig an der Zahl.

Die Angehörigen jedes Bekenntnisses sammelten sich getrennt, ohne eine gemeinsame Bruderschaft in Christus zu sein. Anstattdessen gab es hitzige Debatten. Nicht so sehr darüber, welche Religion nun die richtige sei, sondern darüber, was an der Religion des anderen falsch sei.

Man erzählt sich die Geschichte eines einsamen Überlebenden eines Schiffbruches, der es zu einer verlassenen Insel geschafft hatte, wo er wie Robinson Crusoe lebte. Als er zwei Jahre später gefunden wurde, staunten seine Retter darüber, daß er zwei Gebetshäuser gebaut hatte. „Warum würdest Du allein auf einer Insel auch nur ein Gebetshaus, geschweige den zwei bauen?", fragten sie.

„Jeder Mann braucht zwei Religionen", erklärte er, „eine für die er ist und die andere, gegen die er ist".

Was war die wesentlichste Frage, die wir in unserer überfüllten Zelle debattierten?

Das Wesen der Religion kann nicht ein Thema von Debatten sein. Wenn es das ist, enthüllen die Debattierenden ihre Unwissenheit. Religion ist Leben, Anbetung, Stille. Und wenn auch Wörter ausgesprochen werden, so ist es dennoch nicht im Sinne des deutschen Ausdruckes „Wort".

Das hebräische Wort für „Wort", dawar, bedeutet auch „das wirkliche Ding". Auf hebräisch beginnt das Evangelium des Johannes so: „Am Anfang war Dawar „das wirkliche Ding", und „das wirkliche Ding war bei Gott", und „die Wirklichkeit war Gott".

„Das Zeitwort „sprechen" ist im hebräischen ledaber, das nach seinem Sinn „ein wirkliches Ding zu geben" im Wort dawar wurzelt. Selbst im griechischen hat das Wort logos beide Bedeutungen.

Unglücklicherweise wurde auch ich damals in die Debatten verwickelt, aber ich erinnere mich, folgenden jüdischen Witz erzählt zu haben:

Ein junges Paar ging zu einem Rabbi, um sich scheiden zu lassen. Unter Christen geht man nur für Hochzeiten zum Pastor oder Standesamt, aber im Judentum benötigt man auch für die Scheidung einen Rabbi.

Der erstaunte Rabbi fragte: „Ich habe Euch erst vor einem Jahr verheiratet, und ihr schient sehr ineinander verliebt zu sein. Warum wollt Ihr jetzt die Scheidung?"

Die Frau antwortete: „Laßt uns keine Zeit verschwenden. Eine Versöhnung ist unmöglich. Vollziehen Sie einfach die Formalitäten; das ist alles, was wir wollen. An diesem Punkt ist reden überflüssig."

Der Rabbi beharrte: „Befriedigt doch zumindest meine Neugierde. Was ist passiert? Was ist der Grund für die Scheidung?"

Der Mann sagte: „Wir haben ein Kind, einen Knaben."

„Das ist kein Grund für eine Scheidung."

„Doch, weil wir uns nicht über einen Namen für ihn einigen können."

„Welchen Namen haben Sie gewählt?"

„Ich wählte Nahum", antwortete er.

„Sehr gut – der Name eines Propheten. Aber warum haben Sie diesen Namen gewählt?"

„Weil es der Name meines Vaters war."

„Noch besser. Sie wünschten damit einen Elternteil zu ehren."

Dann wendete sich der Rabbi zur Frau. „Welchen Namen wollen Sie Ihrem Sohn geben?"

Sie antwortete: „Nahum."

Erstaunt fragte der Rabbi: „Warum haben Sie diesen Namen gewählt?"

„Der Name meines Vaters war auch Nahum."

Der Rabbi konnte nicht anders, als verwundert zu fragen: „Wenn Sie beide den selben Namen aus dem selben Grund haben wollten, warum streiten Sie sich dann?"

Der Mann antwortete: „Meine Frau ist schlau. Ich möchte ihn Nahum nach *meinem* Vater benennen, und sie ihn nach ihrem. Aber ihr Vater war ein Pferdedieb und meiner war ein Rabbiner."

Dies ist der Eindruck, den ich vom religiösen Zank unter Christen habe. Alle Christen wollen den Namen Gottes verherrlichen, für sein zukünftiges Königreich arbeiten, und das Evangelium und die Botschaft seiner Liebe verbreiten. Dann laßt uns einander lieben!

Der Rabbi riet dem Paar: „Nennt ihn Nahum, nach dem Propheten. Dann lebt glücklich zusammen für etwa zwanzig Jahre. Bis dahin werdet Ihr, wenn Euer Sohn entweder ein Rabbi oder ein Dieb wird, wissen, wessen Elternteiles Namen er trägt. Warum jetzt den Streit beginnen?"

In der geteilten Zelle benötigten wir lange Zeit, um selbst die Priester der zwei katholischen Kirchen, der römischen und der byzantinischen, dazu zu bringen, gemeinsam ein „Vater Unser" zu sprechen.

Ein Christus-ähnlicher Pastor

Während all dieser geistigen, physischen und seelischen Qualen war Pastor X ein einzigartiges Beispiel für uns. Viele betrachteten ihn als den Christus-ähnlichsten unter uns.

Während der Zeit, als wir täglich eine Scheibe Brot mit etwas „Suppe" aus Kartoffelschalen oder faulen Karotten hatten, gab er die Hälfte seines Brotes einem kranken, schwachen oder alten Gefangenen. Ich erinnere mich, wie er einmal einen Pullover mit einem Mithäftling teilte. Seine Worte waren immer gütig und niemals verschwand das Lächeln von seinen Lippen.

Wir waren glücklich, wenn wir ihn einmal bei irgendeinem kleinen Zeichen der Aufregung oder einem harten Wort beobachten konnten, weil wir dann wußten, daß wir immer noch eine Chance bei Gott hatten. Wir dachten, daß ein Christ, um für Gott annehmbar zu sein, in seiner Heiligkeit so fortgeschritten sein müsse, wie Pastor X, andernfalls unsere Chancen gleich Null seien.

Er behielt ein ruhiges Herz, obwohl er mehr erleiden mußte als wir. Irgendwie hatte er Nachricht davon erhalten, daß seine Frau und sechs kleine Kinder an einen verlassenen Ort deportiert worden seien, wo es nicht nur an Nahrungsmitteln, sondern auch an Wasser fehlte.

In Gethsemane sagte Jesus, als Petrus bereit war, ihn mit einem Schwert zu verteidigen, zu den Jüngern: „Laßt sogar dies geschehen." Das schlimmste muß mit Fassung und sogar mit Freude angenommen werden.

Nun hatte ich die Freude, X und seine Familie zu treffen. Unsere Mission hatte solche Familien über geheime Kanäle in Rumänien unterstützt. Er drückte seinen tiefen Dank an alle Spender aus, die ihm beim Überleben geholfen hatten.

Welche ist die wahre Biographie?

Zuerst wurde nur über Belangloses gesprochen, aber dann las er einiges, daß er über seine Erfahrungen im Gefängnis schrieb. Ich konnte meinen Ohren nicht glauben. All die wundervollen Einstellungen und lobenswerten Taten, die ich zur Illustration meiner Predigten von ihm erzählt hatte, schrieb er mir zu.

Verwirrt fragte ich ihn: „Warst das Du, oder ich? Welcher von uns erzählt die Wahrheit?" Aber ich wußte die Antwort: Es war keiner von beiden. Es war einfach das, was Geister mit großer Liebe, wahrer Verbundenheit und heiliger Fantasie in denen sehen, die sie lieben.

Glaube niemals Biographien. Wenn sie von Gegnern geschrieben sind, erzählen sie nicht, was ein Mann war, sondern das, was Feindschaft, Verbitterung oder Neid in ihm sahen. Wenn sie von Bewunderern geschrieben sind, werden sie das adlige Herz des Biographen enthüllen, der die Hauptperson seines Buches mit seinen eigenen Tugenden schmückt. Und was „objektive" Biographien betrifft, die die Geschichte mit pedantischer Genauigkeit und einem sparsamen Maß an Lob oder Kritik erzählen, sollten Sie besser nicht ihre Zeit damit verschwenden, sie zu lesen. Sie sind langweilig und wertlos.

Wahrheit ist nur dann Wahrheit, wenn sie von Leidenschaftlichen erzählt wird. Das Original des Neuen Testamentes hatte keine Satzzeichen. Es bleibt uns überlassen, zu entscheiden, wo bei Johannes 14:6 die Satzzeichen zu setzen sind, wenn Jesus sagt: „Ich bin der Weg die Wahrheit und das Leben", würde ich folgende Punktierung vorschlagen: „Ich bin der Weg: die Wahrheit und das Leben." Diejenigen, die wie Er denken, bieten niemals einfach prosaische Wahrheit, sondern beleben sie mit schönen Visionen vom Leben, das lebenswert ist.

X's Kinder, die in bitterem Elend aufgewachsen sind, sind nun alle Gläubige. Einige Ingenieure, einige Pastoren, jeder in irgendeiner nützlichen Arbeit für das Königreich Gottes tätig.

Männer wie X brachten Liebe, Frieden und Licht zu den Hirten, die einander, selbst in einer Gefängniszelle, wo alle für denselben Erlöser litten, in den Haaren lagen. Aber dieses gemeinsame Leiden hat sich gelohnt. Christen haben mit der Zeit gelernt, einander zu verstehen und zu bewundern.

Im Jahre 1990 haben rumänische Christen zum ersten Mal in der Geschichte eine evangelische Allianz gebildet, die Baptisten, Lutheraner, Anhänger der Pfingst- und Brüderbewegung, und die Armee des Herrn, umfaßt.

Mit der katholische Kirche sind die Beziehungen korrekt und freundlich. Die Feindschaft früherer Jahre gibt es nicht mehr. Die eine Seite nennt die anderen nicht „Götzendiener" und die andere antwortet nicht mit der Bezeichnung „Ketzer". Der katholische Erzbischof Robu ist das einzige Haupt eines Glaubensbekenntnisses, der in seinen Predigten gegen den Mord von Unschuldigen, der durch den neuen Präsidenten Iliescu angestiftet wurde, öffentlich aufgetreten ist.

Die Meistverfolgten

Was den byzantinischen Ritus der katholischen Kirche (1,5 Millionen Mitglieder), die auch als Unierte bekannt sind, betrifft, so bewundern wir alle das Heldentum im Glauben ihrer Mitglieder. Alle ihre Bischöfe und viele Priester starben im Gefängnis nach schwerer Folter. Die Gesamtheit ihrer Gefängnisstrafen betrug 600 Jahre. Alle ihre Kirchen, Schulen und wohltätigen Institutionen wurden ihnen von den Kommunisten gestohlen und der Orthodoxen Kirche gegeben, deren Hierarchie in der Zusammenarbeit mit den Roten an vorderster Front stand.

Das Verbrechen gegen die Unierte Kirche ist bis heute nicht wiedergutgemacht worden. Die Regierung hat ihnen versichert, daß sie grundsätzlich völlig frei sind. Aber wie können 1,5 Millionen Menschen religiöse Freiheit genießen, wenn ihnen alle ihre Gebäude vorenthalten werden? Die orthodoxe Kirche hat den gestohlenen Besitz noch nicht zurückgegeben.

Die Unierte Kirche hat eine Geschichte von zweihundert Jahren schweren Leidens. Die Kirche begann im 18. Jahrhundert in der rumänischen Provinz Transilvanien, die damals unter der Herrschaft der Habsburger in der österreichisch-ungarischen Monarchie war. Sie wurde von der Orthodoxen Kirche abgespalten, der die meisten Rumänen angehören. Die Unierten behielten alle orthodoxen Riten, nahmen aber alle Dogmen der katholischen Kirche an.

Da sie ausschließlich aus Rumänen bestand, mußte sie in Transilvanien alle Ungerechtigkeit leiden, denen diese während der Jahre der ungarischen Herrschaft unterworfen war. Nur dreißig Jahre lang genoß die Kirche Freiheit, von 1918, als Transilvanien sich mit Rumänien vereinigte, bis 1956, als die Kommunisten sie abschafften.

Die zweite, meistverfolgte Gruppe ist die Armee des Herrn, deren Bestehen schlechthin niemals anerkannt wurde, weder durch den Staat, noch durch die Orthodoxe Kirche, die dem Staat unterworfen war.

Meine erste Begegnung mit Jesus

Wie kann ich alles erzählen, was ich in Rumänien erlebt habe? Mit tiefer Bewegung betrat ich eine orthodoxe Kirche in Bukarest. Es war die erste christliche Kirche, die ich als Kind jemals von innen gesehen hatte. Da ich von nicht praktizierenden jüdischen Eltern aufgezogen wurde, hörte ich in meiner Kindheit niemals weder ein schlechtes noch ein gutes Wort über Jesus. Er war mir gänzlich unbekannt.

Eines Tages, als ich mit einem anderen Buben auf dem Weg nach Hause war, blieb er vor dieser Kirche stehen und sagte: „Warte einen Moment auf mich. Mein Vater hat mich gebeten, dem Priester etwas zu sagen." Ich sagte: „Ich gehe mit Dir hinein." Und so überschritt ich zum ersten Mal die Schwelle einer Kirche.

Ich war tief beeindruckt. Als ich nun, nach mehr als siebzig Jahren, die Kirche wieder betrat, durchlebte ich nochmals lebhaft meine ursprüngliche Erfahrung.

Ich sah das Bild eines Mannes, der gekreuzigt worden war. Ich hatte keine Ahnung, wer dieser Mann war, aber er mußte sehr schlecht gewesen sein, sonst hätte man ihm dies nicht angetan. Als Kind wurde ich oft geprügelt, und wahrscheinlich verdiente ich es. Aber dieser Mann, der überall blutete und mit Nägeln an ein Kreuz befestigt war – warum?

Ich sah auch das Bild einer wunderschönen jungen Frau, die mich mit großer Liebe ansah. Einen solchen Ausdruck war ich nicht gewöhnt. Ich wurde dafür verachtet, daß ich ein jüdischer Junge war, und war auch sehr ärmlich gekleidet, dünn, zart und klein. Ich war ungeliebt. Aber diese Frau liebte mich. Von diesem Augenblick an liebte ich sie auch.

Ich frage mich, warum manche Christen niemals mit Liebe an Maria denken. Die Bibel sagt: „Alle Generationen werden sie Gesegnete nennen." Warum tun wir es nicht?

Die Vernunft sagt mir, daß ich nicht wirklich den Gekreuzigten oder die Jungfrau sah, sondern nur eine Darstellung. Zu dieser Zeit hatte ich den Eindruck, wirkliche Personen zu sehen. Es war eine von mehreren existenziellen Erlebnissen meines Lebens. Ich war damals 8 – 9 Jahre alt.

Der andere Bub sprach mit dem Priester, der dann zu mir herüberkam und mir den Kopf streichelte. Es bedeutete mir viel, da ich ein Kind war, das keine Zärtlichkeit kannte. Seine Berührung war angenehm, so wie ich es bei meiner Pfarrerweihe empfand. Bischof Argay liebte mich wirklich. Nur Ordinationen, die so mit göttlicher Liebe vorgenommen werden, können die Gaben des Heiligen Geistes vermitteln.

Als der Priester mich streichelte, fragte er: „Was kann ich für Dich tun, kleiner Mann?"

Ich war verlegen, weil ich dachte, daß es mir vielleicht nicht erlaubt sei, an diesem fremden Ort zu sein. Ich antwortete: „Nichts."

Er sagte: „Das kann nicht sein. Ich gehöre zu Jesus, der uns gelehrt hat, niemanden an uns vorbeigehen zu lassen, ohne ihm etwas Gutes zu tun. Es ist Sommer und draußen ist es heiß. Ich werde Dir einen Becher kalten Wassers bringen."

Jesus – was für ein merkwürdiges Wesen! Wahrscheinlich hatten alle anderen Menschen, die ich bis dahin getroffen hatte, seine Lehren nicht gekannt. Sie gaben mir kein Spielzeug, keine Schokolade. (Wenn andere Kinder Schokolade aßen, leckte ich das Papier ab, in dem sie eingepackt war.) Jesus verwandelte das Wasser, das ich erhielt, in Wein. Ich war überwältigt.

Da ich noch klein war, vergaß ich dieses Ereignis bald. Aber als ich ein Christ wurde, erinnerte ich mich wieder daran.

Der Name des Priesters war Cavane.

Viele Jahre später, als ich ein evangelischer Pastor war, kamen die Faschisten an die Macht. Ein neuer Priester in dieser Kirche, Chiricuta, war der einzige orthodoxe Priester, der mir, einem Protestanten und noch schlimmer, einem Juden, erlaubte, regelmäßig bei der Abendandacht zu predigen. Er blieb darüber unbesorgt, daß andere Priester ihn dafür schikanierten. Ich wurde zum Mitarbeiter seiner orthodoxen Zeitschrift.

Als meine Frau, ich und mehrere andere jüdische Christen während des Krieges vor ein Kriegsgericht gestellt wurden, wagte er es, sich als Zeuge der Verteidigung anzubieten. Er verteidigte einen Juden, während Hitler Europa regierte! Seine Verteidigung und die eines deutschen Baptistenpastors führten dazu, daß unser Fall der einzige war, in dem Juden unter dem rumänischen faschistischen Diktator freigesprochen wurden. Normalerweise wären wir schuldig oder nicht schuldig verurteilt worden.

Als ich nun, nach einer Abwesenheit von fünfundzwanzig Jahren, wieder in Rumänien war, konnte ich in derselben Kirche beten und erinnerte mich daran, wieviel Gutes Gott mir dort getan hatte. Gott hat sicher eine Belohnung für den, der in seinem Namen einen Becher kalten Wassers und bedingungslose Liebe angeboten hat.

Antisemitismus

Nur etwa 15.000 Juden sind in Rumänien geblieben, das einmal eine jüdische Bevölkerung von ca. 600.000 hatte. Viele – unter ihnen die Familie meiner Frau Sabina – wurden Opfer des Holocaust. Eine ganze Reihe emigrierte nach Israel und in andere Länder.

Aber selbst dieser kleine Rest will nun das Land verlassen.

Nun rühren sich wieder antisemitische Tendenzen,

vor denen man unter Ceausescu abgeschirmt gewesen war.

Warum verfolgte dieser Diktator nicht die Juden? Niemand will einer Kuh, die ihm Milch gibt, etwas Schlechtes tun. Die Juden waren für die Regierung eine bedeutende Geldquelle. Sie wurden entsprechend ihrer Qualifikation manchmal zu sehr hohen Preisen an den Staat Israel verkauft. Der Verkauf von Juden an Israel und Deutschstämmiger an Westdeutschland bereicherten den Staatsschatz und – wie behauptet wird – Ceausescu persönlich.

Antisemitische Publikationen waren verboten.

Nun hat sich die Situation in Osteuropa verändert. Es herrscht Glasnost und relative Redefreiheit. So steht es nun den Antisemiten frei, den Haß, den sie in ihren Herzen gegen die Juden haben, zu offenbaren.

Der rumänische Präsident Iliescu ist ein ehemaliger Schulkollege und persönlicher Freund Gorbatschows, der seine Haltung gegenüber Juden durch die Ernennung von Walentin Rasputin zum Präsidentenberater deutlich gemacht hat (der Name bedeutet auf russisch „ausgelassen" und erlangte in der Person eines unmoralischen Mönches Bekanntheit, der ein intimer Ratgeber der russischen Herrscherfamilie war). In einem Interview, das Rasputin dem New York Times Magazin gab, sagte er: „Unsere Juden müssen sich für die Sünden der Revolution und für ihre Folgen verantwortlich fühlen... Verantwortung für das Grauen, das es während und insbesondere nach der Revolution gegeben hat... Ihre Schuld ist groß, denn sie haben Gott und auch Russen getötet."

Es berührt seltsam zu lesen, wie schmerzlich es für diesen hochrangigen Führer eines Gott hassenden Regimes ist, daran zu denken, daß Gott getötet wurde, als er auf die Erde kam! Einige Juden früherer Zeiten spielten eine Rolle beim Tod Jesu. Dies, weil er selbst ein Jude war und in Israel lebte. Merkwürdigerweise habe ich niemals Anschuldigungen gegen das griechische Volk gehört, weil sie Sokrates töteten, oder gegen die italienische Nation, weil sie Galileo verfolgte.

Das Interview mit Rasputin wurde im Januar 1990 veröffentlicht. Im März wurde er zum Berater des Präsidenten ernannt. Dies war seine Belohnung.

Einige wußten, welcher Schluß aus diesem Interview zu ziehen war. Im Moskauer Magazin „Nedelia" (16/1990) schlug jemand eine einfache Lösung für das jüdische Problem vor. Wenn jedermann, der die jüdische Gefahr versteht, das Land von einem einzigen Juden befreien würde, gebe es morgen keine Juden mehr. Sicherlich ein Programm, dem der Ayatollah Khomeini und die Führer der libanesischen Terroristenorganisation Hisbollah zustimmen würden.

„Nichts verzerrt die menschliche Natur mehr als wahnsinnige Ideen. Wenn ein Mann von der Idee besessen ist, daß alles Böse in der Welt von den Juden, Freimaurern, Bolschewiken, Häretikern, Kapitalisten etc. ausgeht, wird selbst der beste Mann zu einer wilden Bestie", schrieb Berdjajew.

Man kann unter vielen Anschuldigungen gegen die Juden auswählen:

„Das Christentum ist eine jüdische Ideologie, bei der Staaten dazu überlistet worden sind, eine jüdisch-christliche Zivilisation zu schaffen, so daß am Ende die ganze Welt zu einem vergrößerten Israel wird."

„Die Kommunisten bekämpften zu Recht den Kapitalismus, aber sie sagten nicht, wer daran schuld ist: die Juden."

„Kolumbus war ein Jude, der Amerika mit dem Ziel entdeckte, es zu einem Zentrum des Zionismus zu machen, von welchem aus die Juden die Welt durch den Dollar beherrschen sollten."

„Der internationale Kommunismus wurde auch von dem Juden Marx zu dem Zweck geschaffen, die Liebe zur Heimat und zum Vaterland zu zerstören." Und so weiter.

Diese antijüdische Propaganda konnte in der UdSSR nicht ohne die stillschweigende Duldung der Regierung Gorbatschow verbreitet werden.

Von der Sowjetunion ausgehend verbreitet sich der Antisemitismus in andere Länder, die eben von den Fesseln des Kommunismus befreit wurden. Alle machen eine schwere Wirtschaftskrise durch. In Rumänien hat die neue Regierung erklärt, daß sie nicht länger die Preise für Brot, Milch, Fleisch, etc. subventionieren wird. Die Folge war eine gewaltige Preiserhöhung. In Krisenzeiten suchen die Menschen jemanden, dem sie die Schuld geben können, und die Juden stellen einen bequemen Sündenbock dar. In 2000 Jahren der Geschichte ist dies immer wieder geschehen.

Einige der kommunistischen Führer Rumäniens waren jüdisch: Ana Pauker, Kishinewski und Rautu sowie einige führende Mitglieder der Geheimpolizei. Daß die Mehrheit von ihnen Rumänen oder Ungarn waren, spielt keine Rolle; die Juden sind schuld.

Angesichts der Tatsache, daß der gegenwärtige Premierminister Roman ein Jude ist, muß man sich daran erinnern, daß Marx selbst, obwohl Jude, ebenso ein Judenhasser war.

Sowohl rumänische Juden als auch solche in anderen osteuropäischen Ländern fühlen sich vom Antisemitismus bedroht. Aber wohin sollen sie gehen? Die USA nehmen sie nicht auf. In Israel töten Araber Juden und es besteht ständige Kriegsgefahr.

In Rumänien gibt es Bemühungen von seiten jüdischer Christen, die Juden mit ihrem König, Jesus, vertraut zu machen. Aber viele sind aus der Provinz Bessarabien, einem Schauplatz des zweiten Weltkrieges. Sie erinnern sich daran, daß beim Einmarsch der Nazis überall Plakate zu sehen waren: „Das Unglück kommt von den Juden"; „Die Juden haben diesen Krieg provoziert"; „Die Juden stecken hinter dem Kommunismus"; „Tod den Juden." Und die Judenhasser drohten nicht nur. Nur selten findet man jüdische Familien aus dieser Provinz, von denen keine Verwandten durch Exekutionskommandos der Nazis getötet oder in die Konzentrationslager geschickt worden waren, wo auch fast die gesamte Familie meiner Frau ums Leben kam.

Da die Situation in Rumänien nicht abseits vom Rest Osteuropas und insbesondere der Sowjetunion bewertet werden kann, sind einige Worte über diese angebracht.

Gorbatschow – ein Segen

Gorbatschow ist ein Segen für die westliche Welt gewesen. Man stelle sich nur die Krise im Irak vor, zur Zeit als die UdSSR und der Westen einander wie im kalten Krieg gegenüberstanden!

Als während der dreißiger Jahre Stalin das gesamte Oberkommando seiner Armee töten ließ, weil er sie der Intrige gegen ihn verdächtigte, schrieb der faschistische Diktator Italiens Mussolini: „Stalin ist ein verkleideter Faschist."

Gorbatschow ist wohl kaum ein Agent des amerikanischen CIA, aber er hat dessen Aktivitäten (Ziele) gefördert. Er hat die Kraft der Sowjetunion und mit ihr die Kraft des Kommunismus in ganz Osteuropa ausgehöhlt. Die westlichen kommunistischen Parteien sind ebenso in die Brüche gegangen.

Als ich in den USA ankam, bat mich der Generalsekretär des Weltkirchenrates, die Grausamkeiten des Kommunismus nicht zu veröffentlichen. Aber Gorbatschow bewirkte, daß sie veröffentlicht wurden. Heute kann man in sowjetischen Zeitungen von Millionen Unschuldigen lesen, die getötet wurden, und darüber, wie ein ganzes Volk von den Kommunisten ausgeraubt, ausgebeutet und unterdrückt wurde.

Aber während er selbst die Katastrophe offenlegt, die der Kommunismus Russland gebracht hat, klammern sich Gorbatschow und seine Genossen, mit Rufnamen die „Nomenklatura" genannt, noch immer an die Macht. Sie erkennen, daß sie dem Volk nichts zu geben haben, aber dennoch üben sie weiterhin Macht aus, indem sie von den Kapitalisten Geld erbetteln und Russland in eine Tragödie führen, ein Blutbad, das vielleicht alles in der Geschichte Dagewesene noch übersteigen wird.

Möglicherweise lassen sie sich von einer Art Selbsterhaltungstrieb leiten. Oder vielleicht haben sie einfach jegliche Planung und alle Gedanken an eine fernere Zukunft aufgegeben.

Obwohl Gorbatschow in der Vorbereitung des Dramas eine führende Rolle spielt, würde es ihm besser stehen, die Rolle des Schauspielers in einer Farce einzunehmen. Er übernimmt den Vorsitz bei der Demontage seiner eigenen Partei und der Sowjetunion selbst und beendet dennoch die Kongresse mit dem Absingen der „Internationale", der Hymne des Kommunismus. Er und seine Kohorten singen davon, den tödlichen Kampf bis zum Ende zu kämpfen, der der ganzen Welt die „ideale" Gesellschaft bringen wird, die in ihrer Heimat, Rußland, bereits in ihren letzten Zügen liegt. Ihre Parole ist noch immer: „Proletarier aller Länder vereinigt Euch!" Dann beschließen sie auf ihren Kongressen, daß die ukrainischen, weißrussischen, baltischen und uzbekischen Kommunisten ihre eigenen Wege gehen sollen.

Diese Entscheidungen können nur dazu dienen, extremen Nationalismus zu fördern. Das Ergebnis wird eine neue Form des Faschismus oder noch viel wahrscheinlicher, verschiedene Formen des Faschismus zu Tage fördern, da jede der sowjetischen Republiken ihre eigene Form gegenüber den anderen zu beschützen haben wird.

Gorbatschow und seinesgleichen haben bei der Entmachtung des sowjetischen und osteuropäischen Kommunismus eine Hauptrolle eingenommen. Ohne dies ursprünglich bezweckt zu haben, haben sie, indem sie für einige Zeit die Bedrohung durch einen Krieg zwischen Ost und West auf die Seite geschoben haben, der freien Welt einen großen Dienst getan.

Sollen Christen in der Politik tätig sein?

Bevor ich fortfahre, muß ich auf eine häufig gegen mich angebrachte Kritik antworten. Diese Frage ist sehr vordringlich. Soll ein Christ, und besonders ein Pastor, sich von biblischen Themen entfernen und sich zu politischen Fragen äußern? Diese Frage ist auch für rumänische Christen eine sehr akute.

Manche behaupten, wir sollten uns über politische Fragen äußern, während andere meinen, wir sollten es nicht. Sie erkennen irgendwie nicht, daß sie, indem sie leidenschaftlich dafür eintreten, keine Politik zu machen, das politische Spiel bereits mitspielen.

Warum verwenden sie nicht ihre Energie, um die Erlösung Christi oder die Lehre der Dreifaltigkeit zu erklären? Warum vergeuden sie Zeit, um gegen Politik zu reden?

Das Wort „Politik" kommt aus dem griechischen polis, zu deutsch „Stadt". Der Begriff „Almosen" bedeutet, wenigen Menschen Gutes tun, „Philanthrophie" ist, wenn man vielen Gutes tut, und „Politik" ist die Kunst, für eine Nation und darüber hinaus Gutes zu tun.

Etwa 70% der Bibel beschäftigt sich mit Politik, mit der Gründung eines Staates, Befreiung eines Volkes aus Sklaverei, der Vielfalt seiner Kriege gegen andere Nationen, Gesetze über soziale Verhältnisse, Landwirtschaft, Hygiene, Ehe, Erbrecht, die Errichtung von Monarchien und den Rivalitäten unter ihnen, einschließlich der Missetaten ihrer Herrscher, ähnlich, wie sie heute von den Medien dargestellt würden.

„Gebt dem Kaiser, was des Kaisers ist", ist ein politischer Rat, genau so, wie Anstiftung zur Rebellion es ist. „Jedermann sei untertan der Obrigkeit", ist ebenso Politik wie Daniels Beschreibung der Herrscher der Welt als wilde Bestien.

Wir müssen politische Ereignisse bewerten, um unseren Weg durch sie hindurch zu finden. Viele Diskussionen unter rumänischen Christen betrafen nicht nur den Aufstieg der Seele vom irdischen zum Engelsdasein, sondern auch politische Ereignisse im Lande und insbesondere unter dem Kommunismus.

Mit Eskorte predigen

Ein anderer Ort in Rumänien, der für mich mit starken Erinnerungen verbunden ist, ist die Baptistenkirche in Giulesti, einem Vorort von Bukarest. Am ersten Sonntag, nach dem Rumänien 1941 in den zweiten Weltkrieg eingetreten war, war ich eingeladen worden, dort zu predigen. Zu dieser Zeit beherrschten die Nazis unser Land, und als ihre Armee Rußland angriff, waren ihre Truppen mit den unseren alliiert. Der Slogan war: „Zerstört den Kommunismus, den die Juden geschaffen haben. Vernichtet die Juden!"

Ich ging mit einer Gruppe Judenchristen zur Kirche. Die Brüder hatten auch viele Nichtgläubige eingeladen und ihnen gesagt, wer der Prediger sein würde.

Die Baptisten wurden bereits von den Orthodoxen gehaßt. Nun sollte etwas noch Schlimmeres stattfinden: ein Jude würde von der Kanzel der verachteten Baptistensekte predigen.

Die Antisemiten konnten sich diese Situation nicht gefallen lassen. Sie denunzierten dieses unerträgliche Verbrechen bei der Polizei und wir sechs Judenchristen wurden festgenommen. Eine rumänische Christin, Schwester Mindrutz, klopfte am Tor des Gefängnisses, wo meine Frau, ich und die vier anderen Juden inhaftiert waren, und sagte: „Meine Brüder vom auserwählten Volk leiden hier für Christus. Ich möchte mit ihnen leiden." Ihr Verlangen wurde großzügig erfüllt. Sie wurde mit uns zusammen in eine Zelle gesteckt. Nun waren wir sieben: drei Juden, drei Jüdinnen und die Rumänin.

Die Zelle war klein, mit einem einzigen Bett. Der Polizeibeamte sagte: „Du, Prediger (er meinte mich) wirst auf dem Bett schlafen und alle anderen auf dem Boden!"

Inzwischen ging der orthodoxe Priester von Giulesti zur Polizei, um sicher zu gehen, daß wir nicht freigelassen würden. Er sprach auch mit mir, um mich davon zu überzeugen, daß im Christentum kein Platz für Juden sei. Damals hatte der Patriarch die Taufe von Juden verboten.

Nach der Verhaftung in Giulesti wurden wir zur Untersuchung in das Gefängnis des Militärgerichtes überstellt. Während wir befragt wurden, gab es Luftalarm. Bukarest wurde von sowjetischen Flugzeugen angegriffen.

Soldaten mit Bajonetten auf ihren Gewehren begleiteten uns zusammen mit den Offizieren, die uns befragten, den Gerichtsdienern, unseren Anklägern und künftigen Richtern in den Keller. Als Gefangene wurden wir unter strenger Aufsicht in einer Ecke gehalten. Das Gespräch bei den anderen drehte sich um Oberflächlichkeiten. Eine junge Dame beklagte sich, sie habe ein neues Kleid, das sie noch nicht getragen hatte – und jetzt der Bombenangriff!

Dann hörte man die ersten Bomben fallen. Die Explosionen erschütterten die Erde. Weinen und Panik brachen aus. Ich ergriff die Gelegenheit und sagte mit Autorität: „Ihr habt einen Pastor unter Euch, ich werde Euch ein Wort des Trostes aus der Heiligen Schrift geben, und dann werden wir beten. Bitte kniet!"

Alle knieten nieder, einschließlich der Wache, Ankläger und Richter. Dann konnte ich zu ihnen vom Wort Gottes sprechen.

Als der Bombenangriff vorüber war, wurden wir in unsere Zellen zurückgeführt, wiederum begleitet von Soldaten mit Bajonetten. Diejenigen, die eine halbe Stunde zuvor auf mein Geheiß niedergekniet waren, waren wieder meine Ankläger und Richter.

All diese Ereignisse durchlebte ich noch einmal, als ich das Gefängnis von Malmezon wieder sah. Was ich eben erzählte, trug sich in faschistischen Zeiten zu. Später, unter den Kommunisten, war ich wieder Gast in demselben Gefängnis.

Ein geistiges Erlebnis

In einer der unterirdischen Einzelzellen hatte ich ein geistiges Erlebnis, auf das ich in mehreren Predigten bei meiner Rückkehr nach Rumänien hindeutete. Ich sage „hindeutete", weil ein tiefes geistiges Erlebnis in keiner Sprache in angemessener Weise ausgedrückt werden kann. Man begegnet einer Realität, die weder benennbar noch erklärbar ist. Das lateinische Wort „Revelatio" (Offenbarung) bedeutet zugleich Enthüllung und Verhüllung. Die Bibel enthüllt uns etwas und verhüllt dasselbe auch zugleich.

Erlebtes zu erklären, ist oft wenig von Nutzen. Beethoven hatte Erfahrungen und setzte sie in Musik um. Ein Bildhauer in Buenos Aires schnitzte für einen Friedhof neun Statuen, die die neun Symphonien symbolisierten. Nachdem ich den Ort besichtigt hatte, bat mich jemand zu erklären, was die Statuen darstellten. Gefühle waren Musik geworden, die dann zur Skulptur wurde. Ich sollte sie in Worten beschreiben. Wieviel Beziehung hätten diese Worte noch zu den Erlebnissen Beethovens gehabt?

Die Bibel sagt: „Schmecket und sehet, wie freundlich der Herr ist" (Psalm 34:9). Keine Rede und keine Musik könnten einem den Unterschied zwischen dem Geschmack einer Wassermelone und dem eines Pfirsichs erklären. Nur kosten hilft.

Wir können auf geistige Erlebnisse hindeuten, aber

stets nur mit dem Ziel, andere zu ermutigen, ihre eigenen zu haben. Durch den Filter der Worte verlieren solche Erfahrungen an Wert. Jedermann muß sich als einzelner bemühen, die Fähigkeit zu erlangen, die Realität jenseits des Sichtbaren zu erkennen. Ein Zenmeister wurde einmal von einem Schüler gefragt: „Was ist Buddha?" Er antwortete: „Dieser Flachs wiegt drei Pfund" – eine besondere Art zu sagen: „Was Buddha ist, kann nicht in Worten ausgedrückt werden. Laß uns besser unsere Zeit damit verbringen, über praktische Dinge zu reden."

Wenn Buddha nicht in Worten erklärt werden kann, dann kann es Jesus noch weniger.

Zeitlosigkeit

Ich habe in drei verschiedenen Gefängnissen Jahre in Einzelhaft verbracht. Während ich dort war, verlor ich jeglichen Zeitbezug. Unsere Einzelzellen hatten nur ein Fenster zum Korridor, keines nach draußen. Wir wußten niemals, ob es bitterer Winter oder wunderschöne Maienzeit war. Wir konnten die Nacht nicht vom Tag unterscheiden. Ständig brannte die gleiche Glühbirne. Vermutlich mit dem Zweck, uns zu verwirren, gab es in diesen Gefängnissen kein festgelegtes Stundenprogramm, nach welchem man die Gefangenen weckte, ihnen zu essen gab oder ihnen erlaubte, zur Toilette zu gehen. Wir waren zeitlich völlig desorientiert.

Wir lebten in Zeitlosigkeit, wie Astronauten in der Schwerelosigkeit leben. Wenn sie über Jahre hinaus erstreckt wird, erzeugt die Zeitlosigkeit einen Geisteszustand, der intellektuell nicht begreifbar ist.

Unsere Sinne hatten nichts wahrzunehmen. Vollkommene Stille herrschte. Wir hörten praktisch nie eine Stimme, oder ein Flüstern. Die Wärter trugen Schuhe mit Filzsohlen. Es gab nichts zu sehen. Ohne Ende waren wir von denselben grauen Mauern umgeben. Wir vergaßen, daß es Farben gibt. Der Gestank war ununterbrochen so stark, daß er die Geruchsnerven lähmte. Bis zum heutigen Tag kann ich den Duft von Blumen nicht riechen. Was den Geschmackssinn betrifft, so war das Essen stets geschmacklos und schlecht und immer wieder das gleiche.

Unser Geist bekam keine Informationen von den Sinnen. Logik hatte hier ihre Rechte verloren.

Als ich bei meiner Rückkehr nach Rumänien als freier Mann versuchte, dies Erlebte denen, die nicht dort gewesen waren, zu erklären, sah ich – es ist unmöglich. Vieleicht war es mir damals hilfreich, ein Jude zu sein.

Das Hebräische der Bibel kennt unsere Zeitformen nicht: ich esse, ich aß, ich habe gegessen, ich hatte gegessen, ich werde essen, ich werde gegessen haben, und so weiter. Die Kinder Gottes sollen die Zeit nicht in kleine Stücke zerschneiden: Vergangenheit, Gegenwart und Zukunft. Diese Aufteilung der Zeit ist nicht vernünftig. Die Vergangenheit ist nicht nur vergangen; sie lebt sehr stark in der Gegenwart und trägt oft Freude oder Trauer mit sich. Sie wird auch in der Zukunft leben. Die Grundlage von heute und morgen ist das, was in der Vergangenheit angesammelt wurde. Einiges in der Vergangenheit wurde auch durch die Perspektive der Zukunft bestimmt.

Wir gehören zu einem ungeteilten Ozean, dessen Wellen hin und her fließen, aber Teile desselben Ozeans bleiben.

Und so versuchte ich, die alten Erlebnisse wieder wachzurufen, als ich die Gefängnismauern, die mich einstmals gefangengehalten hatten, anschaute und darüber nachdachte, was dahinter vorgekommen war.

Für Dich heute gekreuzigt

Wie leicht ist es doch für einen, der die Zeit als teilbar erlebt, die Erlösung anzunehmen. Alle meine Sünden können mir vergeben werden, und ich kann den Himmel erlangen, weil ich glaube, daß Jesus vor langer Zeit für mich gestorben ist. Er entschloß sich für mich zu leiden, ohne mich zu fragen. Er litt einige Stunden und starb dann. Am dritten Tage ist er auferstanden und kehrte wieder in den Himmel zurück, wo er nun seit 2000 Jahren gelebt hat. Es würde ihm große Freude bereiten, wenn ich bekehrt würde. Warum sollte ich dann nicht ein Christ werden? Es würde uns gegenseitige Freude bereiten.

Deshalb kommen viele Menschen während einer Evangelisation mit einem Lächeln auf ihrem Gesicht nach vorne. Bei großen evangelistischen Versammlungen werden wenige Tränen vergossen.

Mit uns, die wir in der Zeitlosigkeit lebten, war es anders. Alles war Gegenwart. Auch Golgatha gehörte nicht zur Vergangenheit, sondern war ein Ereignis der Gegenwart. Es war, als ob Jesus vor mir stünde und sagte: „Du hast gesündigt. Für Dich werde ich heute ausgepeitscht und gekreuzigt. Du wirst selbst sehen und hören, wie Nägel in mein Fleisch getrieben werden. Du wirst meine heilige Mutter am Fuße des Kreuzes weinen sehen. Nimmst Du dieses mein Opfer für Dich an, oder ziehst Du es vor, die Strafe für Deine Sünden selbst zu tragen?"

Die Kreuzigung war nicht mehr eine alte Geschichte, über die man in einem Buch liest. Ich mußte mich dann und dort entscheiden, wer sterben sollte: Barabbas oder Jesus.

Petrus, Johannes und Magdalena mußten nicht ein vergangenes Opfer Christi annehmen, sondern eines in der Gegenwart oder in der nahen Zukunft. Kein schuldiger Mensch mit einem Sinn für Anstand würde es annehmen, Augenzeuge des grausamen Todes eines anderen zu sein, für das, was er selbst getan hat. Ebensowenig konnten wir es in unserer Einzelhaft tun.

Nun erlebte ich nochmals, was ich damals begriffen hatte. Es war niemals so gedacht, daß meine Erlösung das Ergebnis seines Sterbens für mich sein sollte, punktum. Es gibt keinen Punkt nach seinem Tod, nicht einmal ein Komma. Wir sollen zusammen mit ihm „gekreuzigt und begraben sein" (Römer 6:6), was etwas völlig anderes ist.

Luther nannte den Brief des Jakobus eine „stroherne Epistel", weil sie lehrt, daß der Glaube allein ohne Taten nicht ausreichend ist. Er hatte Unrecht. „Durch den Glauben werden wir erlöst" – aber kein Punkt nach dieser Versicherung. Wir müssen zu diesem Glauben viele eigene Opfer hinzufügen (2. Petrus 1:5-8). Es ist ein Opfer, stets rein, liebevoll, vergebend und aktiv im Dienste Gottes zu verbleiben. Wir müssen das auffüllen, was am Kreuz Christi mangelt (Kolosser 1:24).

Der Priester Cheruwian tat dies. Nachdem er nach unaussprechlicher Folter gezwungen wurde, eine satanische Kommunion zu erteilen, bei der er über menschlichen Exkrementen und Urin die heiligen Worte „dies ist mein Fleisch" und „dies ist mein Blut" ausprechen mußte, sagte er zu mir: „Ich habe mehr gelitten als Christus." Sofern dies die physische Folter betraf, mag es richtig gewesen sein.

In der Zeitlosigkeit haben wir gleichzeitig die Passion Christi, seine Auferstehung, seine Himmelfahrt und seinen endgültigen Triumph erlebt.

In der Einzelzelle sorgten wir uns nicht nur um das irdische Leben der Menschen, sondern auch um ihr ewiges Leben. Der Tod ist kein Ende. In der Zeitlosigkeit erlebten wir auch das Leben nach dem Leben.

Wo ist Ceausescu heute?

Mit diesem Gedanken im Geiste predigte ich wieder in rumänischen Kirchen. Ich fragte meine Zuhörer: „Wo sind die Ceausescus heute? Er konnte seine letzte Rede nicht mehr beenden. Er wurde von den Zuhörern ausgebuht und flüchtete. Aber nun spricht er wieder. Hört Ihr ihn nicht?"

Im Gleichnis Jesu bittet der reiche Mann in der Hölle Abraham, jemanden zu seinen Brüdern zu schicken, um ihnen zu sagen, daß sie nicht solch ein Leben führen sollten, das sie zum selben Ort der Qual bringen würden. Es wurde ihm verweigert; er hatte den falschen Mann gebeten. Abraham war mit Hagar, der Mutter seines eigenen Kindes, sehr hart gewesen. Er hatte sie mit nur einem Laib Brot und einem Beutel voll Wasser aus seinem Haus gewiesen. Warum sollte er mit jenen in der Hölle Mitleid zeigen?

„Aber vielleicht bittet Ceausescu Jesus, bei dem er eine bessere Chance hatte. Der reiche Mann war nicht vollkommen schlecht. Zumindestens hatte er Liebe für seine verlorenen Brüder. Vielleicht liebt auch Ceausescu einige seiner alten kommunistischen Genossen. Vielleicht bittet er jeden von uns heute:

„Geht zu anderen Kommunisten und sagt ihnen, daß ich das Feuer und den Schwefel der Verdammnis erleide. Warnt sie, einen anderen Weg zu suchen."

„Wer die Zeitlosigkeit oder mit besseren Worten ausgedrückt, die Wirklichkeit hinter dem Zeitlichen, erfahren hat, hört nicht nur die Lieder von Cherubim und Seraphim, die ihn rufen, sondern auch das Heulen der Verzweifelten in der Hölle. Und es gibt etwas, daß noch unerträglicher zu hören ist: die tiefe Stille von anderen Verzweifelten, die in der Finsternis gehalten werden (1. Samuel 2:9).

Die Stille von manchen fleht aus der Hölle: „Erzählt den schlechtesten Menschen die gute Botschaft. Denkt an ihr schreckliches Schicksal. Jesus interessiert sich für sie. Er hat dies durch sein Hinabsteigen in die Hölle bewiesen."

Meine rumänischen Predigten hatten ungewöhnliche Züge. Ich danke Gott, daß sie gut aufgenommen wurden. Für diese Augenblicke des Triumphes in meinem Heimatland hatte ich viel Leiden, Krankheit und Gefahren aller Art durchgemacht. Alles kam durch die Gnade Gottes.

Ein Zeichen von Gott

Bei chinesischen Frauen über siebzig verringert sich die Sterblichkeit vor dem Erntedankfest um 35% und in der folgenden Woche kehrt sie zum normalen zurück. Dies ist aus der Studie von Sterbedaten amerikanischer Chinesen in Kalifornien festgestellt worden. Die Erwartung eines Festes, das Gefühl der Pflicht, bei seiner Vorbereitung zu helfen, kann die Sterblichkeit beeinflussen. Bei orthodoxen Juden verringert sich die Sterblichkeit vor dem Passah-Fest und normalisiert sich in der darauffolgenden Woche.

Epidemiologische Untersuchungen berichten nur von physischen, chemischen und psychologischen Faktoren, welche die Sterblichkeit beeinflussen. Auch die Religion hat ihren Einfluß.

Meine Frau und ich glaubten, daß Gott uns in unserem Kampf, bei dem wir auf viel Widerstand und Widerspruch stießen, bestätigen würde. Er würde ein sicheres Zeichen geben. Wir waren nicht bereit zu sterben, bevor wir im Triumph, das Banner Christi tragend, die alten Plätze wieder besucht hätten. Auf unserer Seite waren mehr als auf der Seite des Feindes.

Im Alter von 81 Jahren besuchte ich Rumänien und seine Kirchen wieder. Ich will nicht das Alter meiner Gattin verraten, aber auch sie lernte den Triumph in späten Jahren ihres Lebens kennen.

Rumänien – noch nicht wieder ganz

Was man auf der Landkarte sieht, ist nicht ganz Rumänien. Durch den Wandel in der Geschichte ist ein Großteil der Nation veranlaßt, außerhalb der Grenzen zu leben. Als Hitler und Stalin 1939 Osteuropa aufteilten, erhielt Sowjetrußland die rumänischen Provinzen von Bessarabien und Bukowina. Sie wurden am Ende des zweiten Weltkrieges von der Roten Armee besetzt. Die Sowjets benannten Bessarabien in „Moldavien" um und erfanden eine Sprache, die die bessarabischen Rumänen verwenden mußten. Dazu vermischten sie Rumänisch mit einer Reihe russischer Wörter und verlangten dann, daß das Ergebnis im kyrillischen Alphabet der russischen Sprache geschrieben werden müsse, anstatt mit dem lateinischen Alphabet, das im Westen verwendet wird. Die Rumänen sind das einzige lateinische (romanische) Volk Osteuropas, aber es ist ihnen in Moldavien nicht erlaubt, ihr eigenes Alphabet zu verwenden.

Bulgarien stahl auch von Rumänien – die Provinz Cadrilater. Zudem üben Bulgaren auch in anderen Gegenden, die ihnen nicht rechtmäßig zustehen, die Herrschaft aus: Mazedo-Rumänien und das Timok-Tal, die von vielen Rumänen bewohnt werden.

Im Osten Bessarabiens liegt Transnistria, ein anderes von Rumänen dicht besiedeltes Gebiet. Die Provinz Banat in Jugoslawien ist ethnisch gesehen rumänisch. Die Bevölkerung spricht dort unsere Sprache.

Wir hoffen, daß eines Tages dieses ganze Gebiet mit dem Mutterland ein für alle Mal unter unserem geliebten König Michael I. wieder vereinigt werden wird. Dies sollte bestimmt den rumänischen Kirchen ein Anliegen sein.

Es war für mich besonders traurig, daß die Bibel, sogar das Neue Testament, noch nicht in die mazedo-rumänische Sprache übersetzt worden ist. Lydia, die erste Christin in Europa, war eine Mazedonierin (Apostelgeschichte 16:12-14). Ihre Sprache muß mazedo-rumänisch gewesen sein, das nichts anderes als ein rumänischer Dialekt ist. Aber der Unterschied ist dennoch so groß, daß ein ungebildeter Mazedo-Rumänier eine einfache rumänische Bibel nicht verstehen würde. Es wäre wie das Verhältnis zwischen Bretonisch und Französisch, Friesisch und Niederländisch, Schweizer-Deutsch und Deutsch, obwohl die Deutsch-Schweizer, da sie gebildet sind, Hochdeutsch kennen würden. Europäische Christen schulden es dem Gedächtnis Lydias, der ersten europäischen Christin, dafür zu sorgen, daß die Bibel ins Mazedo-Rumänische übersetzt wird.

Rumänische Märtyrer

Rumänische Christen versäumen auch vieles durch die mangelnde Einheit mit Bessarabien. Diese östliche Provinz, die von der UdSSR gestohlen wurde, ist als ein Zentrum hervorragender Christen bekannt.

Der bekannte Märtyrer Wania Moiseew stammte aus dieser Gegend. Trotz seines Namens war er Rumäne, aber er kannte nicht einmal die rumänische Sprache. Die Sowjets haben rumänische Namen russifiziert. Moisiu wurde in Moiseew umbenannt.

Er war in der Roten Armee Soldat gewesen. Er hatte denselben Glauben wie wir, aber mit einem Unterschied: sein Glaube war ansteckend.

Wahrer Glaube ist wie eine Grippe. Wenn Du die Grippe hast, ist sie ansteckend. Ebenso ist es der Glaube. In seinem Regiment wurden Soldaten und Offiziere bekehrt.

Seine Vorgesetzten befahlen ihm, über seinen Glauben nicht zu sprechen und zu singen. Er antwortete: „Was täte eine Nachtigall, wenn man ihr befehlen würde, mit dem Singen aufzuhören? Sie kann nicht aufhören und ebensowenig kann ich es."

Und so folterten sie ihn und ertränkten ihn schließlich, nachdem sie ihn mehrmals ins Herz gestochen hatten.

Ich hörte, daß er einmal seiner Mutter eine Botschaft schickte: „Sie fügen mir viel Schmerz zu. Es könnte sein, daß ich unter ihren Hände sterbe, aber weine nicht, Mutter. (Er war 21. In diesem Alter ist es noch möglich zu glauben, daß man eine Mutter vom

Weinen abhalten kann.) Ein Engel hat mir das himmlische Jerusalem gezeigt, und es ist wunderschön. Tue Dein Bestes Mutter, um mich dort wiederzusehen."

Hat dieser Wania wirklich einen Engel gesehen? Menschen können unsinnige Halluzinationen haben. Aber wir haben Beweis dafür, daß er sie sah, weil er, ein ungebildeter Bauernjunge, diesen Engel beschrieben hat, wie es kein Professor der Theologie könnte.

Er fuhr fort: „Engel sind durchsichtig. Wenn Du einen vor Dir hast und ein Mann steht hinter ihm, hindert die Anwesenheit des Engels nicht, daß Du den Mann sehen kannst. Im Gegenteil, Du siehst ihn besser. Durch einen Engel gesehen, sehen alle Menschen schöner aus. Du kannst sogar einen Folterer verstehen und schätzen."

Viele bedauern, daß sie niemals einen Engel erblickt haben. Sie irren sich. Man sieht einen Engel, sooft man einen unschönen Menschen annimmt, und sooft man jene liebt, die einem weh tun.

Wania Moiseew ist der Stolz unserer rumänischen Nation.

Auch Sophia Chiriac aus Bessarabien arbeitete von ihrem achten Lebensjahr an in der Untergrunddruckerei der nichtregistrierten sowjetischen Baptisten. In einem kleinen Kellerraum eingesperrt, der voller Maschinen, Papier, Tinte und Stapel von Büchern war, hatte sie wenig Raum, um sich zu bewegen, abgestandene Luft zu atmen und niemals irgendwelchen Sonnenschein.

Sie erkrankte, konnte aber nicht zu einem Arzt gehen. Die Regel der Konspiration ist, daß, wenn Du einmal zu den Mitgliedern eines solch geheimen Betriebes zählst, Du es niemals verläßt, bis knapp vor dem Tode. Als sie schließlich ins Krankenhaus gebracht wurde, war es zu spät.

Sophia war ein rumänisches Mädchen, das ihr Leben geopfert hatte, um der russischen Nation, die ihr eigenes Volk unterjocht hatte, Licht zu bringen.

Und dann gibt es noch einen Bessarabier, den gut bekannten Pastor Nikolai Horev, der 18 Jahre in sowjetischen Gefängnissen und Deportationen war und jedesmal, als strahlendes Beispiel für andere, mit gestärktem Glauben wieder herauskam. Aus allem, was er sagte und schrieb, schätze ich eines seiner Gebete am meisten: „Herr Du bist für immer mein Hirte, und ich bin für immer Dein Schaf. Möge Dein Hirtenstab immer in Deiner Hand sein, so daß Du mich vor meinen Feinden schützen mögest, wenn ich in Gefahr bin, oder wenn ich auf falschen Wege von Dir abirre, sei es durch die Versuchung oder durch die Angst vor Gefahr. Du wirst Deinen Stab benützen, um mich wieder auf den rechten Weg zu bringen.

Und sollte ich jemals, oh Herr, von Dir etwas anderes erbitten als jetzt, dann bitte ignoriere es."

Haben Sie jemals in Ihren Gebeten Gott darum gebeten, Sie zu ignorieren, wenn Sie etwas verlangen, daß Sie abhalten könnte, ein Heiliger zu werden?

Wir hoffen, daß Bessarabien sowie all die anderen Gebiete, die ehemals rumänisch waren, sich bald wieder mit dem Mutterland vereinen werden.

Im Augenblick läßt die Tatsache, daß wir eine kommunistische Regierung haben, für die Erfüllung unseres nationalen Ideales, die Einheit aller Rumänen, Übles erwarten.

Beichten

Einen Großteil meiner Zeit in Rumänien verbrachte ich damit, Beichten zu hören.

Ich war, nachdem ich zwei- oder dreimal täglich gepredigt hatte, schrecklich müde, konnte aber nicht zu Bett gehen. Menschen mit Herzen voll schwerer Last baten mich, ihnen zuzuhören.

Vielleicht ist es für Menschen, die Beichten anhören, gut, müde zu sein, weil sie dann weniger sprechen, nicht unterbrechen und so die Worte und Tränen der Bußfertigen fließen lassen.

Nicht einer der Hauptkollaborateure der Kommunisten und keiner der unverhohlenen Verräter hat gerade diese besondere Sünde eingestanden. Ich traf Männer, die ihre Brüder im Glauben bei den Behörden denunziert hatten, wohl wissend, wie sehr diese aufgrund dessen leiden würden. Als ich verhaftet wurde, ließ der Polizeibeamte, der mich verhörte, den Namen des Mannes fallen, der mich denunziert hatte. In einem anderen Fall wurde mir die Denunziation zu lesen gegeben.

Diejenigen, die sich solch extremer Abtrünnigkeiten schuldig gemacht hatten, gestanden niemals ihre schlimmsten Taten. Sie erzählten von Sünden, die minimal waren, aber ihr unverhältnismäßig tiefes Bereuen kleiner Sünden zeigte, daß sie eine viel schwerere, wenn von ihnen auch nicht eingestandene, Last zu tragen hatten.

Ich verstand. Kain sagte, nachdem er seinen Bruder getötet hatte, zu Gott: „Gadol avoni linso – Meine Sünde ist größer, denn daß sie mir vergeben werden möge", (So der Originaltext 1. Mose 4:13).

Wenn das Gewissen einem Menschen eine äußerst schwere Sünde vorwirft, sagt ihm das Gedächtnis:

„Du hast es niemals getan." Und meist gelingt es der Erinnerung, das Gewissen zu überzeugen. Dies geschah in Deutschland. Es war zu schwierig zur Kenntnis zu nehmen, daß Millionen von Juden getötet worden waren, so daß das Gewissen zum Schweigen gebracht wurde. Das Gedächtnis siegte: es ist nicht geschehen." Das Gedächtnis kann leicht willentlich gefälscht werden.

Ich weiß wie schwierig es mir selbst ist, meine schlimmsten Sünden zuzugeben, und ich kenne mein Widerstreben, sie irgend jemandem, sogar Gott gegenüber, einzugestehen. Auf der anderen Seite sagt mir die Vernunft – meist zu Recht – daß es für einen Menschen mit einer gewissen Stellung innerhalb der Kirche kaum weise ist, irgendeinem Menschen von seinen Sünden zu erzählen. Ein amerikanischer Prediger richtete, indem er im Fernsehen vor einem Millionenpublikum eine Sünde gestand, von der nur zwei oder drei Personen wußten, große Zerstörung für Millionen von Kindern Gottes an.

In Rumänien hatten wir einen orthodoxen Mönch, Arsene Boca, der dem Bußfertigen stets sagte: „Ich weiß, daß es für Dich zu schwierig ist, von bestimmten Dingen, die Du getan hast, zu erzählen. Deshalb werde ich sie Dir sagen." Er war ein Mann mit hellseherischen Fähigkeiten. Aber ein Beichtvater muß nicht unbedingt diese Fähigkeit besitzen. Es kann einen zum Wahnsinn treiben, wenn man alle Sünden seines Gesprächspartners kennt. Sei bescheiden! Freue Dich über das wenige, das Dir erzählt wird. Gott ist ein bescheidener Gott. David und Manasse beschrieben nicht alle grauenhaften Einzelheiten ihrer Sünde.

David sagte zu Nathan nur einige Worte: „Ich habe gesündigt wider den Herrn." Mehr war nicht erforderlich.

Glaubensbrüder, die unter dem Kommunismus am schwersten gesündigt haben, beichteten nicht vor Menschen, obwohl einige von ihnen vielleicht in ihren Herzen Entscheidungen getroffen haben, sich zu ändern.

Es mag Sie verwundern, wer unter Tränen beichtete: es waren die Besten, die Heroischsten. Sie fühlten sich schuldig, einige sogar dafür, überlebt zu haben. Wenn sie die ganze Zeit über heldisch gewesen wären – und das kann keiner – wären sie jedesmal aufgetreten und hätten protestiert, wenn ein anderer geprügelt wurde. Und dann wären sie selbst an den vielen Prügeln gestorben, die sie bekommen hätten.

Andere fühlten sich schuldig, daß ihre Familie aufgrund ihrer Beteiligung an der Untergrundkirche zerbrochen war. Ihre Kinder hatten die Tatsache nicht gebilligt, daß Vater oder Mutter für ihren Glauben ins Gefängnis gegangen waren und sie zurückgelassen hatten, um vom Müll zu essen, unter schlechter Gesundheit zu leiden und keine ordentliche Schulbildung zu haben. Ihr Vorwurf war immer derselbe: „Wenn Vater, wie so viele anderen Gläubige, still gewesen wäre, hätte man uns nicht eine normale Kindheit vorenthalten." Und so kehrte das Elternteil aus dem Gefängnis zurück und fand feindselige Kinder vor und manchmal auch einen verbitterten Ehegatten. Sie fühlten, daß alles ihre Schuld sei.

In diesem Leben ist es schwer zu gewinnen. Andere Kinder rebellierten gegen Eltern, die eine verräterische Rolle gespielt hatten. Diese Kinder konnten den Gedanken nicht ertragen, Kinder eines Judas zu sein. Viele fühlten sich schuldig, während der Untersuchungen der Polizei gegenüber gelogen zu haben, um sich selbst oder andere vor der Verhaftung zu schützen. Sie waren strikte Wahrhaftigkeit gelehrt worden.

Für Christen, die so denken, wäre es weiser gewesen, sich niemals an geheimer Arbeit zu beteiligen. Solche Arbeit ist für jemanden, der es als heiligen Grundsatz ansieht, immer die Wahrheit sagen zu müssen, unmöglich. Ein Mann, der Bibeln von West- nach Osteuropa schmuggelte, erzählte mir: „Ich habe dabei niemals gelogen." Ich fragte ihn: „Was hast Du als Zweck Deines Besuches angegeben, wenn Du um ein russisches oder rumänisches Visum ansuchtest?" Er antwortete: „Tourismus." Das war bereits eine Lüge.

„Lügen" in Dichtung, in Witzen, zur Selbstverteidigung, zur Verteidigung von Unschuldigen oder der Kirche sind keine wirklichen Lügen. Als er in Todesgefahr war, verteidigte sich Paulus vor dem Hohen Rat der Priester mit den Worten: „Ich bin ein Pharisäer und eines Pharisäers Sohn; Ich werde angeklagt, um der Hoffnung der Auferstehung der Toten" (Apostelgeschichte 23:6), was sicherlich nicht das war, wofür er beschuldigt wurde.

Aber diejenigen, die die Schuld gelogen zu haben verspürten, waren für keine ethischen Freundlichkeiten zugängig. Sie sagten: „Wenn diese kommunistischen Polizisten herausfinden sollten, daß ich ihnen gegenüber über Sachen gelogen habe, von denen ich befragt wurde, wie sollten sie dann das glauben, was ich ihnen von der Erlösung erzählte?"

Manche hatten etwas anderes auf dem Herzen. Sie hatten seit Jahren, sogar Jahrzehnten kein weibliches Wesen gesehen. Als sie schließlich frei waren, empfanden sie jedes Mädchen als eine unwiderstehliche Versuchung. (Dies galt weniger für die katholischen Priester, die unter der Disziplin des Zölibates erzogen worden waren, als für die evangelischen.)

Ich erzählte allen vom Blut Christi, das jede Sünde hinwegwäscht, und Seelen fanden Ruhe. Solche intimen Gespräche waren genauso wichtig wie Ansprachen an Zuhörerscharen von Tausenden.

Ich habe den Vorteil, große Seelsorger persönlich gekannt zu haben. Einer davon war ein Engländer, der unter rumänischen Juden missionierte, David Adeney. Wenn eine Person ihm eine große Sünde beichtete, weinte Adeney. Und seine Tränen sprachen! Er fügte ihnen kein einziges Wort hinzu. Ich hatte auch den lutherischen Bischof Friedrich Müller gekannt. Egal welche Sünde ich ihm beichtete, antwortete er immer: „Auch ich habe ähnliche Schuld. Wir sind alle Menschen. Bei Gott ist Vergebung für alles."

Ich hatte auch den orthodoxen Priester Suroianu gekannt, der, als ich ihm viele meiner Sünden erzählte, sagte: „Nun, Du hast viele und schwere Sünden. Aber hüte Dich vor einer Sünde, der Verzweiflung. Glaube niemals, daß Deine Sünden mehr oder größer sein können, als die Gnade Gottes. Du kannst niemals mehr Sünden begehen, als Gott verzeihen kann. Er vergibt um Christi Willen. Gehe in Frieden!"

Der Bruder, der für mich starb

Jedem, der zu mir kam, manchmal vier oder fünf an einem Abend, erzählte ich dieselbe Geschichte, die ich Räubern und Mördern im Gefängnis erzählt hatte. Ich fand, daß sie für Heilige, die Gewissensbisse zu tragen hatten, angemessen war, und ich biete sie dem Leser zum Trost an, egal welche monströsen Sünden er begangen haben mag:

In alten Zeiten waren einmal zwei Brüder, von denen der ältere gut und fromm, der jüngere aber ein Wüstling war, der mit widerwärtigen Kumpanen die Zeit verbrachte.

Der ältere Bruder betete für den jüngeren und bat ihn häufig, sein Leben zu ändern, aber alles schien umsonst.

Als der ältere Bruder eines Abends in seinem Studierzimmer saß, stürzte der jüngere Bruder in sein Zimmer und flehte: „Rette mich! Die Polizei ist hinter mir her! Ich habe einen Mann getötet." Seine Kleider waren blutbefleckt.

Der ältere Bruder erfaßte sofort die Lage und sagte: „Ich werde Dich retten. Laß uns die Kleider tauschen. Er nahm das blutverschmierte Gewand des Verbrechers und gab ihm seine weiße Robe. Der zweite hatte sich kaum angekleidet, als die Polizei eintraf. Sie hatten den Verbrecher von dem Ort, wo die Tat begangen worden war, verfolgt, und ergriffen nun den Bruder im blutbefleckten Gewand.

Als er vor den Richter geführt wurde, bekannte er sich schuldig und sagte: „Ich trage die ganze Verantwortung für das Verbrechen."

Angesichts des ihm vorliegenden Beweismaterials – der Verfolgung, des Blutes, des Geständnisses – hatte der Richter keine Zweifel. Er verurteilte den Mann zum Tod, und fragte ihn dann nach seinem letzten Wunsch.

„Nur einen," sagte der angebliche Verbrecher. „Ich möchte, daß mein Bruder genau in dem Augenblick, da ich gehenkt werde, diesen Brief bekommt, den ich für ihn vorbereitet habe."

Der Wunsch wurde erfüllt.

Am nächsten Tag erhielt sein Bruder den Brief. Als er ihn öffnete, las er: „Mein geliebter Bruder. In diesem Augenblick sterbe ich an Deiner Stelle, in Deinem blutbefleckten Gewand, für Dein Verbrechen - und ich bin glücklich, dieses Opfer für dich bringen zu können!

„Aber ich möchte, daß Du in dem weißen Gewand, daß ich Dir gab, ein gerechtes und reines Leben führst. Ich habe keinen anderen Wunsch!"

Beim Lesen dieser Worte wurde der jüngere Bruder von Reue erfaßt. Er lief los, um die Hinrichtung aufzuhalten – aber es war zu spät. Dann lief er zum Richter und gestand sein Verbrechen, aber der Richter wollte ihm nicht zuhören. „Ein Mord ist begangen worden, er wurde gesühnt. Was zwischen Euch beiden Brüdern war, interessiert uns nicht."

Aber so oft seine ehemaligen Genossen der Liederlichkeit den jungen Mann zu Saufereien und zum liederlichen Leben riefen, antwortete er: „In den weißen Gewändern, die mir der Bruder hinterließ, der sein Leben für mich gab, kann ich die bösen Taten, die ich vorher beging, nicht mehr tun."

Du empfingst einen Engel

Ich war im christlichen Heim eines Paares, das ich etwa vierzig Jahre vorher getraut hatte. Sie erinnerten mich an das, was ich bei ihrer Hochzeit gepredigt hatte.

Ich hatte ihnen erzählt, daß ich am Abend zuvor, mich fragend, was ich ihnen bei der Feier sagen sollte, nicht schlafen konnte. Meine Frau schlief bereits. Ich hatte erhebliche Schwierigkeiten, einen passenden Text für die Gelegenheit zu finden. Nur ein Bibelvers kam mir immer wieder in den Sinn: „Gastfreundlich zu sein vergesset nicht, denn dadurch haben etliche ohne ihr Wissen Engel beherbergt." (Hebräer 13:2). Wie konnte man daraus eine Hochzeitspredigt machen?

Ich versuchte herauszufinden, wer von den vielen,

die in unserem Heim beherbergt wurden, ein Engel war. Einige erwiesen sich später als nette Menschen, andere als Teufel, aber Engel? Niemand fiel in diese Kategorie.

Während ich darüber nachdachte, blickte ich zu meiner schlafenden Frau hinüber und sagte mir: „Das ist ein Engel, der von mir ohne es zu wissen unterhalten wird."

Dies wurde zum Text meiner Hochzeitspredigt. „Du, der Bräutigam, empfängst jetzt einen Engel. Meistens werden Engel nicht berücksichtigt. In Sodom wurden Engel schlecht behandelt. Gib Du Deiner Braut die Ehre, die einem Engel gebührt."

Vierzig Jahre sind vergangen. Er nennt sie noch immer nicht bei ihrem Namen, sondern „Engel".

In den USA enden 50% der Ehen mit Scheidung. Der größte Teil der anderen 50% streiten. Sogar eine große Anzahl von Pastoren lassen sich scheiden. Ich jubelte, daß dies in meiner Heimat nicht so war. Scheidung ist unter Evangelischen in Rumänien ein seltenes Ereignis. Ein Geschiedener kann keine Funktion in einer evangelischen Kirche bekleiden.

Es ist vielleicht nicht so, daß diese Lage ganz dem höheren geistigen Niveau der Gläubigen zuzuschreiben ist. Es gibt auch eine lebensnahere Erklärung: die Härte des Lebens.

Wenn Mann und Frau nach einem schweren Arbeitstag stundenlang für die nackten Notwendigkeiten des Lebens Schlange stehen müssen, bleibt weniger Zeit zu streiten. Ein Mann sagte zu mir: „Unsere Wohnung ist im Winter nicht beheizt. Die Stromrechnung ist hoch. Wir können es uns nicht leisten, viele Glühbirnen brennen zu haben. Die gemütliche Atmosphäre, die man zu einem ordentlichen Streit braucht, fehlt, also gehen wir ihm aus dem Weg."

Im Gegensatz hierzu begünstigt der Überfluß im Westen die Scheidung. Ich habe Paare gekannt, die sich wegen Streitigkeiten darüber, wie sie ihren Überfluß für Nichtigkeiten ausgeben sollten, scheiden ließen. Wenn westliche Christen mehr von ihrem Überschuß guten Zwecken widmen würden, würde die Zahl der Scheidungen drastisch abnehmen.

Christentum und Kommunismus

Dies führt mich dazu, einige Gedanken über die Beziehung zwischen Christentum und Kommunismus auszusprechen.

Auf praktischer Ebene ist mir schon lange bewußt, daß die sündige Menschheit kein besseres Wirtschaftssystem als den Kapitalismus kennt. Dies widerspricht dem Kommunismus, aber der Widerspruch zwischen dem Christentum und dem Kommunismus ist nicht vollständig.

Wir kommen von Gott, Theorien vom Teufel. Aber wie kommt es, daß der Name „Kommunismus" den Begriffen, wie „Gemeinschaft (Kommunion) der Heiligen" oder „Heilige Kommunion" etc., die den Christen so lieb geworden sind, so sehr ähnelt? Wann immer ich einen überzeugten Revolutionär traf, fühlte ich mich schuldig. Ich sagte zu mir: „Er ist die falsche Art Kommunist, weil ich nicht die richtige Art bin."

Heutzutage diskutieren wir, wie man ein Christ wird: Geschieht es durch die Kinder- oder Erwachsenentaufe? Soll man in der Taufe mit Wasser bespritzen oder eintauchen? Erhält man den Heiligen Geist zur gleichen Zeit bei der Bekehrung, oder ist dies ein zweites Erlebnis? Welcher Konfession soll man beitreten, wenn überhaupt einer?

Am Anfang war es nicht so. In den Anfangsjahren der christlichen Kirche waren alle, die gläubig geworden waren, miteinander und hielten die Dinge gemein. Ihre Güter und Habe verkauften sie und teilten sie aus unter alle, nach dem jedermann Not war, (Apostelgeschichte 2:44,45). Heute ist es schwer zu erraten, welche die von Christus gewollte Kirche ist. Ist es die Katholische, Orthodoxe, Lutherische, Baptistische, die Pfingstbewegung, die Adventistische? Wie auch immer es heute sein mag, wir können sicher sein, daß *eine* Kirche so organisiert wurde, wie Jesus es wollte. Nach der Auferstehung verbrachte er vierzig Tage mit seinen Jüngern und muß ihnen mit Sicherheit gesagt haben, was zu tun ist. Er lehrte, daß die Vielzahl jener, die gläubig sind, ein Herz und eine Seele sein sollen; daß niemand sagen soll, daß etwas, daß er besitzt, sein Eigen ist; und daß sie alle Dinge gemeinsam haben sollen (Apostelgeschichte 4:32).

An diesem Standard gemessen sind alle christlichen Bekenntnisse von heute ketzerisch. Es ist offensichtlich, daß zeitgemäßes Christentum, das Hunderte von Millionen auf allen Kontinenten zählt, andere Lebensstrukturen haben muß, als es die wenigen Tausende in Jerusalem vor 2000 Jahren hatten. Aber der Grundsatz muß derselbe bleiben. Wir müssen sagen können: „Unser keiner lebt sich selber, und keiner stirbt sich selber" (Römer 14:7).

Ein Theoretiker der New Age Bewegung las mein Buch „Gefoltert für Christus", in welchem ich die heldenhaften Tugenden der Christen in der Untergrundkirche unter dem Kommunismus beschreibe. Dann schrieb er: „Wenn die heutigen Christen im Westen so wären, wäre die New Age Bewegung niemals aufgekommen." Ich kann seine Worte frei interpretieren: „Wenn wir die richtige Art Kommunisten gewesen wären, hätten wir nicht die falsche Art Kommunisten gegen uns gehabt."

Inzwischen sollten wir uns nicht selbst betrügen. Das kommunistische Ideal hat einige sehr wichtige Schlachten verloren, aber es ist weit davon entfernt, besiegt oder ausgelöscht worden zu sein.

Ich wiederhole: „Ein Viertel der Menschheit untersteht immer noch kommunistischer Herrschaft. China mit 1,1 Milliarden Menschen und die Sowjetunion mit 280 Millionen, das im selben Augenblick, wo ich diese Zeilen schreibe, noch immer ein kommunistisches Einparteiensystem hat. Es gibt Kommunismus in Vietnam, Kambodscha, Zimbabwe, Angola, Kongo und Kuba. In Nicaragua unterstehen die Armee, Polizei und die Gewerkschaften immer noch kommunistischer Kontrolle, während die Regierung einer gespaltenen Opposition gehört.

In Rumänien und anderen Ländern des Ostens, wo ein bedeutender Wandel stattgefunden hat, gibt es immer noch Tausende, die den Kommunismus wollen – manche, um ihre verlorenen Privilegien wiederzuerlangen, andere, weil sie die kommunistische Ideologie haben. Viele politische Konzepte, an die sie glaubten, viele Axiome, die sie für gegeben annahmen, zerbröckelten mit der Berliner Mauer, aber sie sind sich dennoch sicher, daß eine Gesellschaft, in der die Menschen alle Dinge gemeinsam haben und nach Bedarf teilen, eine Gesellschaft ohne Millionäre auf der einen Seite und ohne Obdachlose auf der anderen, der kapitalistischen Gesellschaft vorzuziehen ist, in der Gewinn die Antriebsfeder jeder Tätigkeit ist.

Gibt es irgendeinen Christen, der die Lehre Jesu liebt und nicht sehen könnte, daß sie hier ein berechtigtes Argument haben? Es mag nicht praktizierbar sein, aber es gibt viele unpraktische Dinge, die geistigen Wert haben. Wir sollten alle in unserem Gewissen ein gewisses Unbehagen fühlen, wenn wir die Worte des Herrn lesen: „Verkaufe alles, was Du hast, und gib den Armen, wenn Du wünschest, vollkommen zu sein." Gibt es irgendeinen unter uns, der sich nicht zumindest danach sehnt, vollkommen zu sein?

Unser Gott ist bescheiden und betrachtet unsere ernsthaften Wünsche, als wären sie bereits vollbrachte Taten. Es ist nicht leicht, zweitausend Jahre zurückzugehen und alle Gebote wortwörtlich so zu erfüllen, wie sie gegeben wurden. Aber ich fühle ein Band, das mich mit jedem ernsthaften Kommunisten verbindet, und kann ihm Liebe aus ganzem Herzen entgegenbringen. Die Tatsache, daß ich unter dem Kommunismus gelitten habe, ist nicht Grund genug, ihn vollkommen zurückzuweisen.

Kommunisten töten nicht mehr massenweise in der Sowjetunion oder Rumänien, aber sie töten immer noch im einzelnen, wo immer sie Guerrillas haben, wie beispielsweise in Indien, auf den Philippinen und in Lateinamerika. Obwohl sie Mörder sind, sind sie auch bereit, für ihre Überzeugungen zu sterben. Deshalb sollten sie nicht einfach als wertloser Müll abgetan werden.

Der Kommunismus ist der alte Traum der Menschheit von einem Königreich der Gerechtigkeit und des Glücks. Woher ist dieses Ideal aufgestiegen, wenn nicht als eine Erinnerung an das Paradies? Viele Anthropologen meinen nach wie vor, daß der Kommunismus die erste primitive Gesellschaftsordnung war.

Der Kommunismus, wie er durch den Marxismus praktiziert wurde, war und ist immer noch schrecklich. Sogar die kommunistische Presse in der Sowjetunion gibt dies heute zu.

Unterscheide Ideale von ihren Förderern

Einige werden darüber schockiert sein, daß ich, ein Mann, der so viel erlitten hat, noch ein gutes Wort über den Kommunismus sagen kann. Intellektueller und geistiger Fortschritt ist unmöglich, wenn wir nicht eine klare Unterscheidung zwischen einem Ideal, das erhaben sein kann, und den grausamen Taten jener treffen, die sich als dessen Anhänger erklären.

Wenn wir die schlechtesten Taten, die von David, Salomo und Paulus in gewissen Abschnitten ihres Lebens begangen wurden, in Erwägung ziehen würden, müßten wir ihre Schriften als unannehmbar zurückweisen. Warum sollte irgendjemand in der Karibik das Christentum annehmen? Spanische Eroberer, die im 16. Jahrhundert in die Neue Welt reisten, um Menschen zum christlichen Glauben zu bekehren, ließen Eingeborene in Reihen zu dreizehn „zu Ehren des Erlösers und seiner zwölf Apostel" aufhängen.

„Die Hände wurden ihnen abgehackt, wenn sie nicht ihre vierteljährliche Quote an Goldstaub ablieferten. Ihre Häuptlinge wurden auf Grünholzfeuern geröstet. Wenn ihre Schreie die Spanier wach hielten, wurden sie mit Holzleisten, die man über ihre Zungen legte, zum Schweigen gebracht. Zehn Jahre nach der ersten Landung begannen die elenden eingeborenen Überlebenden, sich selbst durch das Einnehmen vergifteter Wurzeln zu töten.

„Ja, Christopher Kolumbus war der erste Europäer in der Geschichte, der nach Amerika segelte. Aber Kolumbus brachte einen Abschnitt der Geschichte voller Gier, Grausamkeit, Sklaverei und Völkermord in Bewegung, der selbst in der blutigen Geschichte der Menschheit wenige Parallelen findet. Er organisierte die Ausrottung eingeborener Amerikaner. Er war ebenso gemein, grausam und gierig in kleinen Angelegenheiten, wie er es bei riesengroßen Dingen war.

„Ich gebe hier keine radikalen Meinungen von mir. Dies sind keine neuen Tatsachen. Man findet glaubhaften Beweis dafür in den Logbüchern des Sohnes von Kolumbus, in den Schriften von Bartolome de las Casas, einem spanischen Bischof und Historiker dieser Zeit, und in zahlreichen anderen Dokumenten aus dieser Periode.

„Es mag bedauerlich erscheinen, liebgewonnene Nationalsagen loszulassen. Aber wir können diesen Mann und diese Begebenheiten nicht länger mit gutem Gewissen feiern. Wir müssen uns unsere eigene Vergangenheit mit offenen Augen ansehen.

„Wir müssen dem Schwindel vom weißen Mann, der das Christentum bringt, und von Kolumbus, dem noblen Sohn des frommen Webers, ein Ende machen. Unsere falschen Helden und eine falsche Sinngebung über die Bedeutung von Mut und Männlichkeit haben schon zu lange unseren nationalen Geist belastet.

„Wir müssen uns zu einer neuen Harmonie der Rassen und zur Sühne vergangener Verbrechen aufmachen. In dieser Hinsicht haben wir wahrhaftig eine neue Welt zu entdecken", (New York Times, 6.8.90).

Jahrhundertelang sind schwere Verbrechen gegen Juden und ebenso gegen Mitchristen anderer Überzeugungen begangen worden. Sollten wir aus diesem Grunde der christlichen Lehre als Ganzes aus dem Weg gehen? Christen lieben ihre Feinde, alle ihre Feinde. Sie haben liebendes Verständnis dafür, was einen Mann zum Feind macht. Kommunisten auf der anderen Seite sind leidenschaftlich im Bösen. Sie haben den Kommunismus von Marx gelernt, der

Verbindungen mit dem Satanismus hatte, wie ich in meinem Buch „Das andere Gesicht des Karl Marx" nachgewiesen habe.

Wir können das lehren, was die ersten Christen direkt von Jesus lernten: Alle Dinge gemeinsam zu haben, nicht irgend etwas für sich selbst zu beanspruchen, mit den Brüdern zu teilen.

Es mag sein, daß wir, die wir unter völlig anderen Umständen leben, nach zweitausend Jahren nicht in der Lage sein werden, dem Gebot im kleinsten zu folgen. Aber der große Grundsatz bleibt: Christen müssen sich selbst, ihrem Ego, ihrer Selbstsucht entsagen. Nicht einer von uns lebt oder stirbt sich selbst.

Laßt uns zeigen, daß der Geist des einfachen Christentums nicht ausgelöscht worden ist und werden darf.

Ich glaube, daß kein größerer und effektvoller Kommunismus als jener liebende und gebende Kommunismus, der von den ersten Christen praktiziert und von vielen Gruppen seither weitergeführt wurde, jemals in der Welt propagiert wurde. Es ist das einzige Allheilmittel für die wirtschaftlichen und sozialen Übel der Welt. Die Menschheit wird einen steilen Weg in Richtung dieses Ideales besteigen müssen. Inzwischen jedoch ist Kapitalismus sicher besser als der Kommunismus, wie wir ihn gesehen haben.

Warum keine Entschuldigung?

In spontanen Aktionen haben westliche evangelische und katholische Gruppen vieles getan, um dem rumänischen Volk seit der Revolution zu helfen. (Wir wundern uns, daß keine solchen Aktionen von den westlichen Orthodoxen gekommen sind.) Auch sind große

Mengen an Bibeln und guten christlichen Büchern hineingeschickt worden.

Aber es ist nicht genug, gute Beziehungen zwischen Ost und West herzustellen. Nach dem Krieg haben die deutschen Kirchen in Anerkennung dessen, daß der Nazismus Millionen von Juden getötet hat, öffentliche Entschuldigungserklärungen dafür abgegeben, die Nazis unterstützt oder zumindest dem Massenmord ohne Protest und ohne Beistand für die Verfolgten seinen Lauf gelassen zu haben. Auch die Regierung der ehemaligen DDR anerkannte ihre Schuld und gab Geldsummen zur Wiedergutmachung an die überlebenden Opfer.

Rumänien und andere osteuropäische Staaten wurden von Großbritannien und den USA in Jalta in die Hände der – bereits als solche bekannten - kommunistischen Schlächter übergeben. In seinen Memoiren schreibt Churchill, daß er in Jalta Stalin, den er vorher als einen blutigen Verbrecher beschrieben hatte, ein Stück Papier zugeschoben hat, auf dem folgender Vorschlag stand: „Sie geben mir Griechenland, und Rumänien gehört Ihnen." Er verfügte über Rumänien, als wäre es sein Privateigentum. Roosevelt schloß sich ihm an, ganze Länder einem Gott hassenden Herrscher zu übergeben. In der Folge starben Millionen. Mein Land ist ruiniert worden.

Der Weltkirchenrat hat seit dreißig Jahren die westliche Welt hart kritisiert, während er die Greueltaten, die im Osten stattfanden, zudeckte. Er hat kräftig die Befreiungstheologie unterstützt, das bedeutet die Befreiung vom Kapitalismus, hat aber niemals die Befreiung aus den Ungerechtigkeiten des Kommunismus gefördert. Die großen protestantischen Körperschaften, wie der Lutherische und der Reformierte Weltbund, gingen denselben Weg.

Während der schlimmsten Jahre des Terrors wurde Rumänien von Bischöfen, Pastoren und bekannten Predigern besucht. Kaum jemand sagte ein Wort zur Verteidigung der Leidenden.

Dass erinnert mich an die Tatsache, daß, als Hitler 1935 Deutschland regierte, der Baptistische Weltbund Berlin zum Ort für seinen Weltkongreß wählte. Das Programm Hitlers zur Vernichtung der Juden war bekannt. Während die Delegierten Bibelverse, die von Juden über den Juden Jesus geschrieben worden waren, zitierten und über seine Leiden sprachen, wurde kein einziges Wort des Mitgefühls oder der Solidarität mit den deutschen Juden, die vom Massenmord bedroht waren, gesprochen. Es war nur ein einziger jüdisch-amerikanischer Christ unter den Delegierten, ein Herr Gartenhaus, aber er durfte nicht vom Rednerpult aus sprechen.

Bei einer Gelegenheit las ich den Bericht eines anglikanischen Bischofs im Nachrichtenblatt seiner Diözese über seinen Besuch in Rumänien. Er beschrieb in leuchtenden Farben die vielen verschwenderischen Frühstücksmahlzeiten, Mittagessen und Abendessen, sagte aber nichts über die Christen, die im Gefängnis verhungerten.

Heute sind ausländische Kirchenführer sicherlich in Rumänien willkommen, aber es wäre für sie angebracht, ein Wort der Reue zum Ausdruck zu bringen. Sie könnten auch öffentlich zugeben, daß kaum eine Glaubensgemeinschaft während der Jahre des Terrors auch nur soviel wie 100 DM für christliche Märtyrer im Budget veranschlagt hatte. Sie erhielten niemals Lebensmittelpakete von ihnen.

Auf der anderen Seite haben durch den Weltkirchenrat viele Konfessionen Geld an kommunistische Guerrillas in Afrika gegeben, die, als sie an die Macht kamen, die Christen ins Gefängnis warfen und töten. Mozambique und Angola sind erstklassige Beispiele dafür. Wiederum floß niemals Geld an die Familien der Gefangenen.

(Obiges bezieht sich nur auf die oberste Leitung von Konfessionen. Einzelne Kirchen und Gemeinschaften haben geholfen.)

Lehre, aber lerne auch

Es ist noch etwas anderes, das über die Beziehung des Westens zu den rumänischen Kirchen (und auch für andere Länder des ehemaligen Ostblocks) zu sagen ist. Während meines Besuches traf ich Pastoren und auch andere amerikanische, britische, deutsche Christen, die in Scharen nach Rumänien kamen. Als ich fragte, warum sie kämen, war die einstimmige Antwort: „Ich kam, um zu lehren." Niemand sagte: „Ich kam, um zu lernen." Junge Menschen unter zwanzig Jahren waren gekommen, um zu lehren. Professoren der Theologie opferten ihre Ferienzeit, um rumänische Pastoren Theologie zu lehren. Einige meiner Landsmänner hatten im Gefängnis mit Ketten an ihren Händen und Füßen gepredigt, als 25 Hiebe das Honorar für eine Predigt waren, wenn man sie dabei erwischte. Dieselbe Strafe erwartete jene, die predigten, indem sie die Frohe Botschaft im Morse-Code durch die Gefängnismauern hindurch an die Wand klopften.

Ich stelle nicht in Frage, daß sie wertvolle Lektionen in der Theologie lernen könnten, aber wäre es nicht ebenso wertvoll für westliche Christen, einmal zur Abwechslung die Lernenden zu sein?

Westliche Christen können sich den Luxus teurer

Reisen leisten, um andere zu lehren. Warum laden sie dann nicht rumänische oder russische Christen ein, im Westen zu predigen? Warum sind nur die wohlgenährten, im Überfluß lebenden westlichen Prediger die Hauptredner bei großen evangelischen Kongressen? In der frühen Kirche war das nicht so. Dort teilten Männer wie Paulus die Geheimnisse Christi mit, die sie gelernt hatten, als sie in Ketten waren.

Hände, die Ketten getragen haben, können gut segnen und sollten dafür gebraucht werden. In den ersten Jahrhunderten wurde die Kirche in Rom von den anderen geachtet, weil sie die meisten Märtyrer gehabt hatte.

Ein weiteres Detail: in den evangelischen Kirchen Rumäniens tragen die Frauen keine Schminke und keinen Schmuck. Gläubige, die dies tun, werden nicht als Mitglieder der Kirche angenommen. Rauchen und trinken sind streng verboten. Westliche Prediger, die Ringe tragen und deren Frauen Lippenstift verwenden, sind nicht willkommen.

Es ist gut dies zu wissen.

Die Pflicht zu heulen

Westliche Prediger haben sicherlich den Vorteil einer theologischen Ausbildung gehabt, die sehr nützlich sein kann. Fast kein rumänischer, russischer, bulgarischer Pastor hat Theologie auf Universitäten studiert, aber sie waren in dunklen Zellen, hungrig, geschlagen, unter der Kälte leidend.

Ich kann nicht erklären warum, aber in gewissen Zellen, in welchen man allein in Kälte und Dunkelheit gehalten wurde, konnten die Gefangenen sich nicht enthalten zu heulen.

Gott sagt: „Darum muß ich über Moab heulen" (Jeremias 48:31). Bevor ich in einer solchen Zelle gewesen war, hatte ich mir niemals vorgestellt, wie schrecklich Gottes Schmerz für die Sünder ist. Es macht Ihn heulen. Ich kannte nun einen anderen Aspekt Gottes: einen Gott, der heult. Auch dies ist eine Offenbarung über Ihn. Die Besten derjenigen, die durch diese Schule gegangen sind, erlernten das Heulen. Sie haben ein erstaunliches Gebot von Gott erfüllt: „Heulet über Babylon." Heulet für den schlimmsten Feind Eures Volkes. Wir heulten in diesen Zellen für unsere kommunistischen Folterer in dem Wissen, daß, wenn wir dies tun, „sie vielleicht möchten heil werden" (Jeremias 51:8).

Wir betrachten es als wichtig, daß ein Pastor in Predigtlehre, Dogmatik, Griechisch, Hebräisch und Kirchengeschichte geschult wird. Der Westen kann uns Lehrer für diese Dinge geben. Aber Prediger müssen auch das Heulen, das herzzerreißenden Schreien lernen, das zeigt, daß sie sterben werden, wenn sie Seelen nicht zur Erlösung bringen.

Der Prophet Joel sagt: „Heulet, Ihr Diener des Altars" (1:13).

Prediger sollen den Propheten Micha nachahmen, der im rechten Augenblick die Entscheidung fällte: „Ich werde klagen und heulen" (1:8), und nicht „ich werde nach den Regeln der Rhetorik predigen."

Vielleicht können östliche Prediger den Westen lehren, wie man weinen muß, wenn auf einen mit dem Messer des Verrates eingestochen wird, wie man die Last des Leidens für die Ehre der heiligen Kirche tragen kann.

Sie können uns lehren, daß das größte Leiden nicht durch verlorene Schlachten (kein Krieger kann sie alle gewinnen) oder durch physische Wunden kommt, sondern durch Brüder und Schwestern, die kein Kreuz tragen, den guten Kampf nicht kämpfen, und die den heiligen Traum aufgeben.

Sie werden uns lehren, nicht nur zu lächeln, wenn wir von Freunden getröstet und Lilien auf unseren Weg gestreut werden, sondern auch, wenn wir von Feinden umgeben sind und Nägel in uns getrieben werden.

Ein himmlisches Lächeln

Da wir vom Lächeln sprechen, lassen Sie mich über einen Mithäftling schreiben, den ich nicht auf rumänischem Boden wiedertraf, da er jetzt in einem besseren Land ist.

Wir stellen uns meistens Heilige als weit weg im Himmel vor. Die Bibel sagt uns in Hebräer 12:1, daß sie uns umgeben. Sie fahren fort, sich für alles, was sie zurückgelassen haben, zu interessieren und nehmen am Kampfe teil. Sie inspirieren uns im engsten Sinne des Wortes.

Es wird von einem Jünger von Johannes Chrysostomus, dem größten Prediger, den das Christentum jemals hatte, gesagt, daß er in das Zimmer hineinspähte, wo sein Meister eine Predigt vorbereitete und zwei unbekannte Wesen sah, die etwas in sein Ohr flüsterten. Neugierig fragte er nach ihnen und erhielt diese Antwort: „Es war nicht richtig von Dir, in das Zimmer hineinzuspähen, aber da Du es getan hast, werde ich Dir davon erzählen. Dies waren die Apostel Paulus und Johannes, die mir manchmal einflüstern, worüber ich predigen soll."

Diese Geschichte könnte eine Legende sein, aber Tatsache ist, daß wir für alle Zeiten zur Gemeinschaft der Heiligen gehören. Es tut jenen, die Rumänien besuchen, gut, sich nicht nur nach lebenden Heiligen umzusehen, sondern auch hinaufzusehen und durch den Geist einen kurzen Blick auf jene zu werfen, welche sie in Herrlichkeit umgeben.

Ich erinnere mich an Milan Haimovici, einen, der sieben Jahre im Gefängnis verbrachte. Selbst seine Feinde bewunderten seinen Mut. Er protestierte gegen jede Ungerechtigkeit auf Seiten der Wärter, obwohl er wußte, daß er dafür grausam verprügelt werden würde.

Einmal war ich in einer großen Zelle, in der vielleicht einhundert Häftlinge untergebracht waren. Wir waren in tiefstem Elend zusammengepfercht, ohne genügend Platz für auch nur wenige Schritte. Wir waren vom Schmutz und vom Gestank überwältigt. Nachts war es unmöglich zu schlafen, weil immer drei oder vier da waren, die schnarchten, jeder eine andere Melodie. Wenn sie aufhörten, fingen andere an. Einige husteten, einige niesten und einige stritten.

Auf diesem engen Raum waren Christen vieler Bekenntnisse, Juden, Atheisten, Männer aller politischen Parteien und gesellschaftlichen Kategorien untergebracht. Unter ihnen war einer, von dem ich jetzt erzählen will. Er hatte keine Bibel und hatte seit Jahren kein Buch gesehen. Er konnte keine intellektuellen Argumente vorbringen. Er konnte nur immer wieder sagen: „Ich kenne Jesus. Ich wandle und spreche mit ihm."

Ein Professor, Mitglied der Königlichen Akademie der Wissenschaften, spottete: „Jesus ist schon seit zweitausend Jahren tot. Wie kann man mit ihm sprechen? Selbst wenn man zugibt, daß er auferstanden und in den Himmel aufgefahren ist, wie Ihr Christen glaubt, so ist dennoch dieser Himmel Millionen von

Meilen entfernt. Erzählen Sie uns keine Lügen mehr. Niemand kann mit ihm wandeln und mit ihm sprechen."

Unser Bruder antwortete einfach: „Ich frage mich selbst, wie das zugeht und habe keine wirkliche Erklärung, aber es ist eine Tatsache. Er wandelt und spricht mit mir." Ein großer Kreis der Gefangenen lauschte der Diskussion, und er versicherte weiter: „Ich sehe Ihn sogar manchmal."

Dies war zuviel für einen Wissenschaftler. „Was Sie da sagen, ist die größte Lüge, die ich in meinem ganzen Leben gehört habe. Da Sie behaupten, ihn zu sehen, können Sie uns bitte sagen, wie Er Sie ansieht: ärgerlich, zornig, gelangweilt, teilnahmslos, höflich, interessiert, liebevoll? Lächelt Er Sie vielleicht an?"

Unser Bruder antwortete: „Wie haben Sie das erraten? Wirklich, manchmal lächelt Er mir zu."

„Nun denn," sagte der Professor, „Sie haben Glück, daß ich kein Psychiater bin, sonst würde ich Ihnen eine Diagnose eines religiösen Wahnes erstellen. Vielleicht können Sie uns zeigen, wie Jesus lächelt."

„Ich will es gerne versuchen," sagte der Christ.

Die Szene, die folgte, war die schönste in den 82 Jahren meines Lebens. Wie alle anderen von uns ähnelte dieser Gefangene einer Vogelscheuche, geschoren, schmutzig, mit dunklen Ringen unter seinen Augen, nur Haut und Knochen, fast zahnlos in einer Zebra-Uniform, er war alles andere als attraktiv. Aber als er diese Herausforderung annahm, begann sein Gesicht zu leuchten – die Herrlichkeit Gottes kann durch eine dicke Kruste von Schmutz hindurchscheinen – und ein wunderschönes Lächeln erschien auf seinen Lippen. Romeo muß so ausgesehen haben, als er Julia anlächelte.

Es war, wegen des verlorenen Zustandes der Seele seines Befragers, ein Hauch von Traurigkeit in diesem Lächeln. Aber man konnte auf seinen Lippen eine leidenschaftliche Liebe, ein unstillbares Dürsten, sichere Hoffnung und die brennende Sehnsucht eines Liebenden erkennen, den Kuß der Geliebten zu empfangen. Alle Pracht des Himmels war in diesem wunderbaren Lächeln.

(Ein eigenartiger Gedanke ging durch meinen Kopf, als ich dieses Lächeln sah. Die Definition des Wortes „Kuß" in einem marxistischen Wörterbuch: „Die gegenseitige Berührung zweier Lippenpaare mit gegenseitiger Übermittlung von Mikroben und Kohlendioxyd." (Was man alles in einem erhabenen Moment denken kann!)

Der atheistische Professor beugte sein Haupt und sagte: „Mein Herr, Sie haben Jesus gesehen."

Als ich ein Christ wurde, riet man mir, jeden Tag eine Seite aus der Bibel, und auch eine vom Leben der Heiligen, der Märtyrer oder der bekannten Missionare zu lesen, was ich auch tue. Aber bevor ich im Gefängnis war, las ich über die Leben von Heiligen mit Skepsis. Die Autoren schienen immer zu übertreiben. Ich kenne die Geschichte von dem einnehmenden und überzeugenden Lächeln von Bernadette de Soubiroux von Lourdes. Ich hatte einige Christen auf Erden gekannt, die ein himmlisches Lächeln hatten (eine davon ist meine Frau Sabina). Aber nun sah ich solches Lächeln unter Bedingungen äußersten Leidens.

Ich habe es viele Male in vielen Gefängnissen gesehen. Manchmal habe ich Schwierigkeiten, mich an die Umstände zu erinnern. All die großen Lächelnden wurden für mich zu einem, die sich im Lächeln Jesu vereinten. Heilige bringen das Lächeln des Himmels in die tiefsten Täler der Todesschatten hinein.

Männer mit einem solchen Lächeln sterben nicht. Sie umgeben uns auch nach dem Tod, sie ermutigen und helfen uns. Rumänien hat eine Wolke von Zeugen über sich. Auch dies ist eine rumänische Wirklichkeit. Ein Christ, der an einen solchen Ort kommt, muß diese Wirklichkeit suchen.

Ein bekannter Kirchenführer erzählte mir, daß er das Grab Lenins in Moskau besucht und seine Mumie gesehen hatte. Ich fragte ihn, ob er die Gegenwart irgendeiner anderen toten Person in der Sowjetunion wahrgenommen habe. Das hatte er nicht. Aber Paulus hatte eine Wolke der Zeugen Gottes von Tausenden von Jahren zuvor gesehen.

Für die Verteilung von Bibeln getötet

Zu einigen der rumänischen Märtyrer habe ich eine besondere persönliche Beziehung, weil ich in einem gewissen Sinne eine Rolle bei ihrem tragischen Tod gespielt habe.

Wir kennen die Namen von vier rumänischen Christen, die für das Verbrechen, die Verteilung von Bibeln, die sie von uns über Kanäle im Untergrund erhalten hatten, sterben mußten.

Clipa wurde gefangen und schwer gefoltert, damit er preisgeben möge, wie er die Bibeln erhalten und verteilt hatte. Dann wurde er aufgehängt gefunden. Niemand weiß wirklich, wie er gestorben ist. Haben ihn die Kommunisten gehängt? Hat er Selbstmord begangen, wie viele andere etwa im kommunistischen China, da er fürchtete, schwach zu werden und Verrat zu begehen, wenn er weitere Folterungen erleiden müßte?

Ein anderer Verteiler von Bibeln, Bogdam, wurde

auch aufgehängt gefunden. Tudose wurde durch elektrischen Strom getötet aufgefunden. Pastor Radu Cruceru starb bei einem inszenierten Autounfall, einer Tötungsmethode, die von den Kommunisten häufig praktiziert wurde.

Wenn wir und andere keine Bibeln aus dem Ausland eingeschmuggelt hätten, hätten diese Personen weitergelebt. Ihre Frauen wurden Witwen und ihre Kinder Waisen. Jeder Christ, der zu einer solchen Arbeit beiträgt, sollte wissen, daß jemand auf der Empfängerseite vielleicht Blut für die Sache wird geben müssen, für die wir in der freien Welt nur Geld geben.

Einige tun diese Untergrundarbeit in kommunistischen und moslemischen Ländern ohne Gewissensbisse. Aber ich kenne Direktoren, Angestellte und Förderer unserer Mission, die sich der Risiken sehr bewußt sind und darunter leiden. Sie fühlen, daß es nicht genug ist, Geld zu geben und Bibeln zu senden. Wir müssen mit jenen in kommunistischen Ländern den Schmerz, die Tränen und die Trauer der Verteiler und ihrer Familien teilen. Einige liebe Heilige im Westen sind unter dieser Last zusammengebrochen.

Es bereitet mir viele schlaflose Nächte. Auch in China sind Kuriere unserer Mission getötet worden. Und einige wurden unter den entsetzlichen Bedingungen der kommunistischen Gefängnisse jahrelang inhaftiert.

Gebt nicht leichtfertig Geld

Ich sollte bei einem großen Treffen in Norwegen predigen, das für den besonderen Zweck der Sammlung von Geldern für ukrainische Bibeln einberufen worden war. Die Mission verließ sich darauf, daß meine

Gegenwart für andere ein Ansporn wäre, mehr zu geben.

Ich erzählte der Menge die Geschichte von Nikolai Chmara, einem sowjetischen Christen, der für Christus gestorben war, nachdem man seine Zunge herausgeschnitten und seine Augen ausgestochen hatte, und ich schloß mit den Worten: „Gebt nicht voreilig. Ihr könntet von Gott dafür bestraft werden, daß Ihr Geld gegeben habt, damit für die UdSSR Bibeln gedruckt werden. Manche werden so fromm daran glauben, daß die Bibel, die Sie stiften, das Wort Gottes ist, daß Sie bereit sein werden Gefängnis, Folter oder den Tod für ihre Wahrheit zu ertragen. Einige werden Jesus der Gattin, Mutter und den Kindern vorziehen und werden gefährliche Aufgaben in der Untergrundkirche, wie die Arbeit in geheimen Druckereien oder das Betreiben verbotener Sonntagsschulen erfüllen. Wenn sie ertappt werden, könnten ihre Frauen als Witwen und ihre Kinder als Waisen zurückbleiben, die später vielleicht ihren Vater dafür beschuldigen, den Glauben über seine Familienpflicht gestellt zu haben.

„Die Bibel, die Sie stiften, könnte jemand anderen dazu inspirieren, ein Nikolai Chmara zu werden. Ihr werdet Gott dafür Rede und Anwort stehen müssen, dieses Geld gegeben zu haben, wenn Euer Leben nicht zeigt, daß Ihr selbst der Bibel als Wort Gottes gehorcht, wenn Ihr nicht ein Leben in Vertrautheit mit Jesus führt, indem Ihr Ihm auf dem Kreuzweg folgt, durch Gebet, Lob und Selbstaufopferung."

„Wenn Ihr nicht vorhabt, Euch Jesus von ganzem Herzen zu verschreiben, ist es am besten für Euch, nichts zu geben. Bitte unterlaßt dann das Geben!"

Es bleibt nun dem Leser dieser Zeilen überlassen zu erraten, ob die Spenden an diesem Abend groß oder klein waren.

Ich höre ständig die Schreie derjenigen, die in kommunistischen Ländern leiden, weil sie die Verbreitung des Evangeliums ersehnen und auch Linderung für die alleingelassenen Familien der Gefangenen herbeiwünschen. Dies spornt mich an, wenn ich mein Alter und die Versuchung, aufzugeben, verspüre. Aber Bischof Meschkala starb in Albanien im Alter von vierundachtzig Jahren, nach dreiundvierzig Jahren Gefängnis! Er war nicht zu alt, um für Christus zu leiden, und gab niemals auf. Soll ich unter völlig anderen Umständen meinen Kampf aufgeben?

Manche werden, nachdem sie dieses Buch gelesen haben, vielleicht Geld für die Sache der Christen in kommunistischen Ländern oder solchen, die erst jüngst befreit wurden, geben wollen. Das Geben wird Sie dazu verpflichten, mit ihnen in ihrer schweren Drangsal verbunden zu sein. Denkt sorgfältig darüber nach, was Ihr tun wollt.

Den Feind lieben

Jeder Ort, den ich in Rumänien betrat, beschwor in mir neue Erinnerungen herauf.

In Bukarest predigte ich in der Dragosvoda-Brüdergemeinde. Dieses Gebäude war zuvor von meiner Kirche bei ihrem Wandern von einem Ort zum anderen unter verschiedenen Diktaturen verwendet worden.

Es war unmittelbar nach der Invasion Rumäniens durch sowjetische Truppen gegen Ende des zweiten Weltkrieges. Ganze Einheiten der Deutschen Armee, die unser Land besetzt hatte, wurden gefangen genommen. Sie hatten keine Illusionen. Ihr Los würde Sklaverei in Sibirien sein. Für viele würde es den Tod bedeuten. Während eine große Gruppe deutscher Kriegsgefangener in ihre Baracken geführt wurden, gelang es zwei Offizieren, der Bewachung zu entfliehen. Noch in ihren Nazi-Uniformen durchwanderten sie zitternd die Straßen von Bukarest. Ihr einziges Schutzschild war die Nacht. Wir waren immer noch im Krieg und die Straßen waren nur spärlich beleuchtet.

Plötzlich erblickten sie einen Strahl der Hoffnung: ein Schild mit der Aufschrift „Lutherische Kapelle". Sie wußten, daß die Lutherischen Rumäniens deutscher Abstammung waren. Hier würde jemand helfen.

Was für eine Enttäuschung erwartete sie, als sie hörten, daß wir jüdisch waren! Juden hatten sogar mehr Grund, die deutschen Soldaten zu hassen als die sowjetischen.

Ich beruhigte ihre Befürchtungen. „Wir sind Juden, aber auch Christen und geben niemanden in die Hand seiner Feinde. Es gibt eine Geschichte von einem Lamm, das zur Schlachtung geführt wurde, und zu Moses lief, mit der Bitte, es zu beschützen. Er antwortete: „Das kann ich nicht tun. Gott hat verfügt, daß dein Fleisch den Menschen als Nahrung dienen soll," und er übergab das Lamm dem Metzger. Eine jüdische Legende sagt, daß Gott angesichts dessen, was ein Mann, der seinen Namen trug, zu tun fähig war, sein Gesicht vor Scham verhüllte.

„Wir haben unter der deutschen Besatzung gelitten. Aber Ihr persönlich mögt vielleicht nicht schuldig sein. Auf jeden Fall sind wir nicht Eure Richter. Sie sind bei uns willkommen. Wir werden Ihnen Zivilkleider geben, damit Sie versuchen können, Ihren Weg zurück nach Deutschland zu finden."

Damals war ein Dekret erlassen worden, das unter

Androhung des Todes verbot, einen deutschen Soldaten zu verstecken.

Mit der Zeit entwickelte sich dies zu einer systematischen Arbeit, für Hilfe an verfolgten Deutschen, genauso wie wir während des Krieges unseren Einfluß in christlichen Kreisen verwendet hatten, um verfolgten Juden zu helfen.

Die Gläubigen in der Brüderbewegung, wo ich nun gebeten wurde zu predigen, wußten all dies. Sie wußten, was ich meinte, wenn ich davon sprach, jenen zu vergeben, die einen mißhandelt haben, selbst den Gott hassenden Kommunisten.

Und so reiste ich von einem Ort zum anderen. In Bukarest und dann in verschiedenen Städten und Dörfern erlebte ich die Ereignisse der Vergangenheit wieder.

Orte wiederbesuchend, wo ich gesündigt habe

Ich sah nicht nur Orte angenehmer oder heiliger Erinnerung, sondern auch Orte, wo ich gesündigt hatte.

Ich sah nochmals die Häuser, in denen meine Familie gelebt hatte, als ich sehr jung war. Ich war gegenüber einer Mutter, die sich selbst für ihre Waisenkinder aufgeopfert hatte, schlecht gewesen.

Es gab in Bukarest einen Stadtteil, der – ich weiß nicht warum – den Namen „Das Steinkreuz" trug. Es war das Zentrum der Prostitution. „Freunde" führten mich dahin, als ich zwölf Jahre alt war. Kein Christ stand vor dem verrufenen Hause, um Jugendliche davor zu warnen, nicht einzutreten.

Ich sah Spielhöllen, die ich besucht, Orte, wo ich mit anderen Gott geschmäht hatte, und auch Orte, wo ich selbst als Christ versagt hatte.

Ich beichtete Gott diese Sünden und glaube, daß Christus alles vergeben hat. Paulus schrieb, daß er vorwärts drängte und die Dinge vergaß, die hinter ihm waren. Aber er konnte nicht seine gesamte Vergangenheit vergessen. Er erzählt uns davon.

Hier dachte ich auch an alle Verfehlungen und alle schweren Sünden, die ich während des Vierteljahrhunderts im Ausland begangen hatte.

Ich war glücklich, daß „es einen Brunnen gibt, der gefüllt ist mit dem Blut aus den Adern Emanuels", und daß ein großes Wunder stattfindet, wenn man sich in diesem Brunnen reinigt. Nicht nur werden Sünden, sondern sogar Verbrechen vergeben. Sie werden weiß wie Schnee. Sie werden verwandelt zu sichtbaren Zeichen von Reinheit. Was mit ihnen geschieht, ist jenseits des Beschreibbaren. Jesus wurde für uns zur Sünde. Wie ein Töpfer eine luxuriöse Vase aus dem machen kann, was Ton gewesen war, so tut es Jesus mit sündigem Leben.

Dennoch müssen wir, wie der Ton oder Metalle, die verfeinert werden sollen, erst durch das Feuer des Leidens hindurch. Dieser Reinigungsvorgang dauert, bis alle Unreinheit verschwunden ist, was in unserem Fall bedeutet, bis alles Klagen, alle Rebellion, alle Belästigung Gottes mit der Frage „Warum?", alle Selbstsucht, jeder Stolz und alles nicht bereit sein, zu vergeben, verschwunden sind.

Ein kleines Mädchen beobachtete einen Goldschmied, der das kostbare Metall zur Reinigung in einem Gefäß hielt. Immer wieder nahm er den Kohlengrus heraus, und das Metall glänzte immer und immer schöner. Das Mädchen fragte: „Wielange geht das noch weiter?" Er antwortete: „Hab Geduld." Der Goldschmied mußte die Worte noch oft wiederholen, während er auf den Moment wartete, der „der Silberblick" genannt wird. Der Moment, da er sein Ebenbild im Metall erblickte.

Und so arbeitet der himmlische Goldschmied. Ein Sünder, der seine Reinigung durchlebt hat, hat eine Schönheit wie nie zuvor, die Schönheit von Christus selbst.

Begegnung mit einem führenden sowjetischen Beamten

Fünfundzwanzig Jahre lang habe ich in der Welt die Rolle des Tychicus (Epheser 6:21) gespielt, der in den Tagen des Paulus den Brüdern mitteilte, wie es den Verfolgten ging. Als ich in Rumänien war, hatte ich die entgegengesetzte Rolle: zu erzählen, wie es der Kirche in der freien Welt ergeht, und wie wir für die Verfolgten gearbeitet hatten, die unter dem Joch des Kommunismus waren.

Rumänische Christen waren sich der Tatsache bewußt, daß Bibeln und andere Bücher zusammen mit finanzieller Hilfe und Radiosendungen in ihr Land kamen, aber sie wußten nichts von den Organisationen, die hinter all diesem standen, und von den Tausenden und Abertausenden von Glaubensgenossen, die aufopfernd für sie gaben und beteten.

Sie waren an unserer „Hilfsaktion Märtyrerkirche" und ihrer Arbeit in über vierzig Ländern äußerst interessiert. Ich erzählte ihnen nicht nur von dem hervorragenden Einsatz für die Verfolgten, sondern auch über die Bemühungen unserer Mission, die Verfolger für Christus zu gewinnen.

Ich möchte hier nur eines meiner interessantesten Erlebnisse auf diesem Gebiet erwähnen.

In der Schweiz besuchten ein Bruder und ich eine

internationale Industrie-Ausstellung. Der schönste Stand war der sowjetische. Durch eine Modeschau lockte er tausende Schaulustige an, und er hatte zusätzlich eine religiöse Ausstellung, die sehr anziehend war.

Am Eingang hing ein großes Bild von Billy Graham, in Moskau predigend. Dann folgte eines vom Sitz des Patriarchen und eines von der einzigen Synagoge in Moskau, einer Stadt mit 200.000 Juden, eines von einer Moschee usw. Das offensichtliche Ziel war, die völlige Religionsfreiheit zu demonstrieren, die unter dem Kommunismus existiert.

Ein Album war vorbereitet worden, in dem jeder Besucher seine Eindrücke eintragen konnte.

Ich schrieb folgendes: „Ich gratuliere Ihnen zu dieser einmaligen Idee, eine industrielle Ausstellung mit Worten und Bildern über Religion zu schmücken. Wenn es keinen Gott gäbe, gäbe es keinen menschlichen Geist und keine Industrie. Alles, was Sie zeigen, ist gut arrangiert, aber als Freund der UdSSR würde ich vorschlagen, daß Sie diese Ausstellung mit noch anderen Bildern schmücken: dem von Nikolai Chmara, einem Baptisten, dem wegen seines Glaubens seine Zunge herausgeschnitten und seine Augen ausgestochen wurden. Ich kann Sie mit Bildern seiner Leiche versorgen. Das Bild von Nikolai Chrapov wäre auch sehr passend. Er verbrachte für seinen Glauben 34 Jahre im Gefängnis. Dann wäre da noch eines von Wania Moiseew, der siebenmal in die Herzgegend gestochen und dann ertränkt wurde," und so weiter und so weiter.

Ein Herr, von dem ich annahm, daß er zum sowjetischen Personal gehörte, las, was ich geschrieben hatte, und sagte: „Es gibt einen bösen Mann namens Wurmbrand, der solche Verleumdungen über uns verbreitet."

Als ich ihm sagte, daß ich dieser Wurmbrand sei, diskutierte er eine Viertelstunde mit mir. Er war der Chef der Auslandsabteilung des Kultusministeriums, ein führender Mann für Religionsfragen in der sowjetischen Regierung. Er sprach fließend Englisch und Deutsch. Er hatte alle meine Bücher ebenso wie andere Publikationen unserer Mission gelesen.

Er begann mit einer kampflustigen Einstellung, indem er behauptete, daß es keine Verfolgung gibt. Ich antwortete: „Es wäre sinnlos, Ihnen zu widersprechen, weil Sie verpflichtet sind, so zu sprechen. Lassen Sie uns doch lieber zu etwas viel Wichtigerem übergehen."

„Einmal wird der Tag kommen, wo Sie nicht mehr ein Mann in hoher Stellung bei der Kommunistischen Partei und in der Regierung sein werden, und ich werde kein Pastor mehr sein. Wir werden beide sterben. Für eine kurze Zeit wird jemand, der uns liebt, an unserem Grab weinen. Dann werden die, die uns gekannt haben, auch sterben, und wir werden in einem vergessenen Grab liegen."

„Was geschieht danach? Wenn an diesem Punkt alles zu Ende ist, dann ist es dumm, ein christlicher Pastor zu sein, ebenso wie es dumm ist, ein atheistischer Religionsgegner zu sein. Die beste Wahl ist dann zu essen, zu trinken und sich zu amüsieren; sonst nichts."

„In meinem Heimatland Rumänien gab es in alten Tagen einen Brauch, daß man einer Person, die zum Tod verurteilt war, vor ihrer Hinrichtung eine gute Mahlzeit mit all ihren Lieblingsspeisen gewährte. Der Todeskandidat aß und trank gut und dann wurde er erschossen. Wenn alles mit dem Tod endet, dann ist das schönste Leben, das Kommunismus oder Kapitalismus bereiten können, nichts anderes, als eine Henkersmahlzeit. Es würde sich nicht lohnen, für irgendeine Sache zu kämpfen."

Er hörte zu ohne zu unterbrechen.

Ich erzählte ihm, „daß ich in meiner Jugend meditativ war, mit einem Hang zur Melancholie. Ich hatte eine bittere Kindheit hinter mir gehabt, ohne solche kindlichen Freuden wie Spielzeuge oder Schokolade. Wenn andere Kinder in der Schule Schokolade aßen, leckte ich das Schokoladenpapier ab, weil es gut roch. Ich war sicher, daß es keinen Gott geben konnte. Wenn er existiert, hätte er mir eine schönere Kindheit gegeben."

„Aber ich machte gerne lange Spaziergänge durch Friedhöfe und las die Inschriften auf den Grabsteinen. Ich tue es sogar heute noch. Sie sorgen für hochinteressanten Lesestoff."

„Dieser Mensch war ein General gewesen, und er starb. Ein anderer war ein bekannter Dichter, und er starb. Ein anderer war ein Bankier, wieder ein anderer ein Bettler. Aber das Ende des Lebens war wieder der Tod."

„Auf allen Grabsteinen gab es zwei Zahlen, das Jahr der Geburt und das Jahr des Todes, mit einem Bindestrich dazwischen. Das ist das Zeichen, welches die Natur über jedes Leben zieht: ein Strich. Damit ist das Leben annulliert."

„Ohne irgend etwas über Religion zu wissen, sagte ich damals zu mir: „Ich wünsche mir, daß ich jemanden finden könnte, der Jugend ohne Alter und Leben ohne Tod geben kann."

„Ich brauchte lange, aber schließlich fand ich diesen Jemand."

Er nahm immer weiter meine Worte auf, ohne zu unterbrechen. Er hatte eine Seele, die nach Gott hungerte. Ich erzählte ihm, wie ich das Gebet eines Atheisten gebetet hatte: „Gott, ich weiß bestimmt, daß Du nicht existierst. Aber wenn Du existierst – und das bestreite ich – ist es nicht meine Pflicht, an Dich zu glauben. Es ist Deine Pflicht, Dich mir zu offenbaren. Ich bedauere, daß Du nicht existierst. Ich hätte mir gewünscht, daß irgendwo in diesem Universum ein Herz voll Liebe schlägt. Ich spreche wie ein Verrückter zu einem Gott, den es nicht gibt. Nun, das ist alles."

Ich fuhr fort: „Dieses Gebet wurde erhört. Gott sandte mir einen Zimmermann, der mir und meiner Frau die Geschichte des Zimmermannes von Nazareth erzählte, der für uns lebte und starb und vom Tode auferstand."

Herr Smirnov stellte Frage um Frage. Nach vier Stunden sagte er: „Ich muß zugeben, daß es zwei Probleme gibt, für die wir Marxisten keine Antwort haben:

1) Wie kommt es, daß etwas existiert? Wir erklären alles durch die Evolution, aber woher die Evolution und wie kam es, daß die erste lebende Zelle existierte, aus der alle Tiere, der Affe und der Mensch entstanden?

2) Was geschieht mit dem Menschen nach dem Tode? Wir Marxisten haben keine Antworten; Ihr habt sie. Deshalb seid Ihr stark und wir sind schwach."

Später spielte dieser Mann eine Rolle bei der Liberalisierung der sowjetischen Religionspolitik, die wiederum Auswirkungen auf Rumänien und andere osteuropäische Länder hatte.

Unsere Mission sorgt dafür, daß besondere christliche Literatur für Kommunisten, wie meine Bücher „Antwort auf Moskau's Bibel" und „Das andere Gesicht des Karl Marx", in ihre Hände und die ihrer

Führer gelangen und zu erstaunlichen Ergebnissen führen. Diese Bücher sind in viele Sprachen übersetzt worden und in Rumänien, Rußland, China, der Tschechoslowakei, Polen, Äthiopien, Mozambique und Angola und anderen Staaten verteilt worden.

Ein Professor für Atheismus an der höchsten Schule der Kommunistischen Partei Rumäniens und viele andere Kommunisten haben sich bekehrt.

Ein verarmtes Land

Wieder in Bukarest wurde ich herumgefahren. Es war nicht mehr dieselbe Stadt. In vergangenen Zeiten war sie ihrer Schönheit wegen „Paris des Ostens" genannt worden, aber sie hatte schon lange ihren prahlerischen Stolz verloren. Sie machte einen hoffnungslosen Eindruck.

Prachtstraßen, wie sie die größten Städte des Westens zieren, liegen unfertig da; sie enden im Nirgends. Ceausescu war von der Krankheit der Gigantomanie befallen. Alle seine Unternehmungen mußten an Größe unübertreffbar sein, aber er konnte niemals zu Ende führen, was er begann.

Die meisten Häuser waren verfallen. Sie waren Ruinen, bevor die Fenster eingesetzt wurden. Man kann die Ergebnisse der verheerenden Erdbeben in der Vergangenheit, aber auch die der blutigen Unruhen erkennen. Fassaden sind vom Feuer geschwärzt. In den Mauern sieht man Einschußlöcher.

Die Geschäfte sind leer. Lange Menschenschlangen warten stundenlang, häufig vergebens, in der Hoffnung, daß es etwas zu kaufen geben wird. Die Schlangen für Brot bilden sich um vier Uhr morgens.

Um sieben Uhr besteht keine Chance mehr, Brot zu bekommen.

Der Schwarzmarkt blüht. Dort kann man Erdbeeren oder Pelze und Hemden oder verdächtige alkoholische Getränke kaufen, welche mit Chemikalien hergestellt sind, die schon viele Tote gefordert haben.

Kleine Kinder betteln. Das Verbrechen ist ungezügelt. Touristen werden angewiesen, nachts nicht mit Geld in der Tasche spazieren zu gehen.

Die Wirtschaft liegt im Koma und es mangelt der Bevölkerung selbst am Notwendigsten. Explodierende Arbeitslosenzahlen scheinen unausweichlich.

Das Volk ist unglücklich, aber die Herrschenden leben weiterhin gut.

Tatsächlich wäre Ceausescu mit seinem Nachfolger zufrieden, der genauso Unschuldige getötet hat wie sein Vorgänger.

In Rumänien sind immer noch Kommunisten an der Macht, aber sie sind politisch bankrott und ebenso wie in der Sowjetunion herabreduziert auf die Ebene einer Theaterstaffage.

Die Gefahr der Kommentare

Gott erklärte, daß sein Name „Ich bin, was Ich bin" sei, und nicht was die Menschen glauben, daß Er sei. Er ist der ganz Andere. Wir können seine Wege nicht ergründen.

Es sind zahllose Bücher darüber geschrieben worden, wie biblische Prophezeiungen mit gegenwärtigen Ereignissen übereinstimmen. Viele Bücher waren voller Vorhersagungen darüber, wie der kommunistische Koloß im Norden, die Sowjetunion, Israel angreifen würde. Dann würde die viel gefürchtete Schlacht von

Harmagedon zusammen mit der Herrschaft des Antichristen folgen.

Es gab Bücher, die sagten, daß Kissinger der Antichrist sei. Vor diesem hatten andere den biblischen Beweis dafür angeboten, daß Stalin der Antichrist war. Nun denunziert ein Buch Gorbatschow als diese rätselhafte Person, besonders da er mit einem Merkmal gekennzeichnet ist: einem roten Fleck auf seiner Stirn.

Ich sagte einmal zum Autor eines solchen Buches über Voraussagen der Bibel: „Jedes Buch über Prophezeiungen, das bisher geschrieben wurde, hat sich innerhalb von zwanzig Jahren als falsch erwiesen." Es störte ihn nicht.

Als mein zwölf Jahre alter Enkel Alex vor kurzem mit mir auf einer Tagung christlicher Buchhändler war, sah er viel Werbung für Bibelkommentare. „Was ist ein Kommentar?" fragte er. Ich antwortete, daß es viele Dinge in der Bibel gebe, die schwer zu verstehen seien, zum Beispiel die Voraussagungen von Untergang und großen Leiden, die in den letzten Tagen stattfinden werden. Diese schwierigen Stellen werden erklärt.

Seine Antwort war: „Man sollte solche Voraussagungen nicht erklären, sondern ihnen widersprechen. Abraham schrieb keinen Kommentar über die Vorhersagung Gottes, daß Sodom zerstört werden würde, ebensowenig wie Moses über die Vorhersagung, daß Gott das jüdische Volk zerstören würde. Anstatt dessen baten sie zu Gott, daß es nicht stattfinden möge und sie stimmten ihn um. Warum sollten wir nicht dasselbe tun, anstatt Kommentare zu schreiben?"

Die Macht, den Kommunismus zu stürzen

Gott ist nicht an das gebunden, was Männer sagen, die nicht dazu berufen sind, in seinem Namen zu schreiben oder zu sprechen. Er hat einen großen Teil der Macht des Kommunismus zerstört und wird auch mit dem Rest fertig werden. Nicht durch politische Ereignisse, sondern durch die Gebete der Heiligen und die Macht des Wortes, das unter harten Bedingungen verbreitet wird.

Er änderte den Geist Gorbatschows und vieler seiner Genossen. Sie haben ihrerseits die Macht des Kommunismus in einer Weise zerstört, wie es keine Bomben oder politische Verschwörungen hätten tun können. Menschen können Leiden abwenden, selbst wenn sie in der Bibel vorhergesagt sind. Gott sagte die Zerstörung Ninives voraus, ließ aber dann von diesem Entschluß ab. Seine Liebe ist verläßlicher als jedes Wort, das in seinem Namen gesprochen oder geschrieben wird.

Wenn er seine Liebe in unsere Herzen verströmt, haben wir riesige Kraft. Dann können wir sogar Gott ändern. Es steht in Zephania 3:17 geschrieben, daß wir Gott vor Freude singen machen können. Unsere brennende Liebe kann auch Menschen verändern. Sie können dadurch bewußt für Liebe gewonnen werden. Andere werden durch die Strahlen unseres Geistes verwirrt werden und die Fähigkeit verlieren, uns zu widerstehen.

Auf manche scheint die Sonne und spendet ihnen Leben. Andere verbrennt sie. Ebenso ist die Liebe immer wirkungsvoll, egal wen sie berührt.

Menschen erkennen nicht, was für eine enorme Kraft sie besitzen. Sie dehnt sich nicht nur um die ganze Welt, sondern auch in den Kosmos aus. Daniel

8 erzählt uns von einem Fürsten, der einige von des Himmels Heer, von den Sternen, zur Erde warf, sich selbst zum Fürsten der himmlischen Herrscharen erhob und die Wahrheit zu Boden schlug. Soviel Macht für das Böse kann in einem Mann existieren.

Aber mindestens ebensoviel Kraft ist in guten und frommen Männern.

Die Kirche Christi kann dem Kommunismus, dem fanatischen Islam, der Dunkelheit des Heidentums und einem Judaismus ohne den König der Juden ein Ende machen.

Ich habe noch mehr Dinge über meinen ersten Besuch in Rumänien, nach fünfundzwanzig Jahren erzwungenen Exils, zu sagen. Aber ich werde mir erlauben, Paulus zu imitieren, als er schrieb: „Die Zeit würde mir zu kurz, wenn ich sollte erzählen von Gideon und Barak und Simson und Jephthah und David und Samuel und den Propheten", (Hebräer 11:32).

Seltsame Abendmahlsfeiern

Die Kirche von Pastor Vasile Vadan in Bistritza wurde mit Planierraupen zerstört. Verräterische, offizielle Baptistenführer hatten dazu beigetragen. Bei schwerem Frost gab er seiner Herde das heilige Abendmahl auf den Ruinen. Der Wein war an der Oberfläche gefroren.

Nachdem er im Freien gepredigt hatte, erkrankte er an einer schweren Lungenentzündung, aber dies hinderte die Kommunisten nicht daran, ihn ins Gefängnis zu stecken.

Viele Abendmahlsfeiern in Rumänien sind seltsam gewesen. In Hausgemeinden gab es Brot und Wein auf dem Tisch, aber auch einen Topf mit Tee und Keksen in Reserve. Wenn ein Gast unerwartet erschien, eine Person, die als Christ bekannt war, aber unter dem Verdacht stand, ein Informant zu sein, verschwand der Wein innerhalb einer Sekunde vom Tisch. Der Topf mit dem Tee und die Kekse standen bereit, und die Anwesenden vermittelten den Eindruck eines rein gesellschaftlichen Treffens.

Im Gefängnis gab es Zeiten, da wir kein Brot und selbstverständlich keinen Wein hatten. Dann nahmen wir das Abendmahl mit nichts und erinnerten uns, was für eine wertvolle Sache das Nichts war.

Die Welt wurde aus nichts geschaffen. Die Erde schwebt auf nichts. Paulus schrieb, daß er nichts war. „Nichts" ist eine wertvolle Sache, die wir schätzen lernten.

Alle schönen Dinge zu erzählen, die über das Rumänien von heute und ihre Kirche gesagt werden können, würde ein großes Buch füllen. Aber ich möchte nur noch einige Worte darüber sagen, was unsere „Christliche Mission für die Kommunistische Welt" in anderen Teilen der Welt tut.

Eine große kommunistische Kriegslist

Als ich Rumänien verließ, wollte ich nur für mein Land arbeiten, aber dann hat Pastor Stuart Harris aus London, der Direktor der Europäischen Mission, mir einen größeren Bereich angeboten: ganz Europa. Aber der Kommunismus ist ja noch weiter verbreitet. Er erstreckt sich auf alle Kontinente. Und so vergrößerten wir unsere Vision dahin, die gesamte kommunistische Welt einzubeziehen.

Wir begegnen dem Kommunismus als ein Ganzes, von dem Rumänien nur ein kleiner Teil ist.

Was passiert heute im Kommunismus? Wir haben große Veränderungen gesehen. Sind sie Wirklichkeit?

Die Veränderungen in der UdSSR und in Osteuropa sind wirklich und betreffen Politik, Wirtschaft, sogar Religion, alle Institutionen, die kontrolliert werden können. Aber es gibt keine Veränderung in der Einstellung zu Gott oder in der grundsätzlichen Lebenseinstellung.

In seiner Rede zum siebzigsten Jahrestag der Bolschewistischen Revolution sagte Gorbatschow: „Wir bewegen uns in Richtung einer neuen Welt, der Welt des Kommunismus. Wir werden von diesem Weg niemals abweichen." Er sagte wiederholt und mit demselben Nachdruck, daß er ein Atheist bleibe.

Wenn wir eines von den Kommunisten lernen können, dann ist es Beständigkeit. Sie halten an ihren Lehren fest.

Am Ende des 2. Weltkrieges wurde den Kommunisten die Herrschaft über ganz Osteuropa gewährt, ohne daß ein Schuß gefallen wäre. Roosevelt und Churchill gestanden ihnen diese Vorherrschaft in der Konferenz von Jalta zu, weil Stalin freie Wahlen versprochen hatten, die natürlich niemals stattfanden. So hatten die Kommunisten durch Täuschung gewonnen.

Der blutige Diktator Stalin, den die Sowjet-Presse nun beschuldigt, mehr als zehn Millionen Unschuldige getötet zu haben, hatte einen enormen Eindruck auf die westlichen Führer gemacht. Ein amerikanischer Diplomat bemerkte, nachdem er ihn getroffen hatte: „Seine braunen Augen sind äußerst weise und sanft. Ein Kind würde gern auf seinem Schoß sitzen und ein Hund würde sich an ihn hinschmiegen", (Nixon, 1990).

Nichts hat sich verändert. Nachdem er Gorbatschow getroffen hatte, lobte sogar Billy Graham seinen Charme und seine „warmen Augen". Aber Gromyko, ehemaliger Präsident der UdSSR, hatte Gorbatschow mit diesen Worten als Nachfolger empfohlen: „Er kann wunderschön lächeln, aber er hat auch stählerne Zähne zum Beißen."

Marx sagte: „Religion ist das Opium des Volkes", was bedeutet, daß sie genauso resolut bekämpft werden muß wie Drogen. Lenin schrieb: „Tausende von Epidemien und Naturkatastrophen sind dem geringesten Begriff eines Gottes vorzuziehen."

Marx schrieb in seinem Gedicht „Der Spieler", daß „höllische Dämpfe" sein Gehirn füllten, und daß er „vom Fürst der Finsternis ein Schwert kaufte." (Solche Dinge finden bei satanischen Ritualen statt.) Der Kommunismus schwingt weiterhin dieses Schwert gegen die Religion.

Gotthasser sind auch Feinde der Menschheit. In einem Brief an Engels vom 18. Juni 1882 nannte Marx die Menschheit „einen Haufen Gauner, die meinen ..... küssen können."

Aber Wunder über Wunder, die Partei, die er schuf, und die niemals ihren militanten Atheismus aufgab, hat nun Hunderte von Kirchen neu geöffnet und ihre Augen gegenüber intensiver religiöser Aktivität geschlossen.

Heute gibt es die Verkündigung des Evangeliums an die Massen, Sonntagsschule für Kinder und Wohltätigkeitsarbeit – alles, was noch kurz zuvor verboten war.

Es gibt sogar Prozessionen in den Straßen, bei denen diese Worte gesungen werden: „Für den Zar (Titel der russischen Kaiser), für unser Land und unseren Glauben."

Bibeln und andere christliche Literatur gelangen

ohne Hindernis ins Land. Allein aus der UdSSR haben wir 100.000 Briefe, die uns für die Literatur danken, die einzelne erhalten haben.

Der Kommunismus ist noch lange nicht geschlagen, aber er hat tödliche Wunden erlitten. Die Berliner Mauer und der Eiserne Vorhang sind zerbröckelt!

Die Religion in der UdSSR ist weit von dem entfernt, was wir als „frei" bezeichnen, aber viele Kirchen sind wieder geöffnet, Gefangene sind freigelassen worden und christliche Literatur und Bibeln werden weiträumig verteilt. Offene Verkündigung des Evangeliums und Sonntagsschulen für Kinder, von denen vor einem Jahr niemand geträumt hätte, führen nun Tausende zu Christus.

Kommunisten haben Millionen von Gläubigen getötet und sie waren sich sicher, daß die Religion stirbt. Nun triumphiert die Kirche. Es ist der Kommunismus, der in Osteuropa um sein Überleben kämpft. Es gibt keine menschliche Erklärung für diese Ereignisse. Gott sei gedankt für das Bewirken dieses Wunders!

Als wir vor dreiundzwanzig Jahren unsere Mission begannen, glaubten Antikommunisten, daß der Kommunismus nur durch Krieg besiegt werden könne. Sie sagten: „Nur ein toter Kommunist ist ein guter Kommunist."

Wir kamen mit einer neuen Botschaft: so wie die Kommunisten die freie Welt mit ihrer giftigen Doktrin unterwandern, so laßt uns sie mit dem Evangelium stürzen. Laßt uns im geheimen daran arbeiten, Christus bekanntzumachen! Laßt uns den Christen im Untergrund helfen!

Obwohl die Kommunisten uns hassen, laßt uns sie mit Liebe gewinnen. Laßt uns für sie beten und sie zu Christus führen.

Ich beendete mein Buch „Antwort auf Moskaus Bibel", indem ich die Roten dazu aufrief, zu bereuen und ihre Verbrechen öffentlich zu bekennen.

Die sowjetische Presse gibt nun zu, daß ihre Partei millionenfach Unschuldige getötet hat, und Gorbatschow hat sich beim Patriarchen entschuldigt. Es erscheinen Zeitungsartikel von atheistischen Lehrern und Offizieren ihrer Geheimpolizei, die anerkennen, daß sie das Volk belogen und unschuldiges Blut vergossen haben.

Was ist das Geheimnis hinter Glasnost? Von Gottes Seite aus ist es ein Wunder, von den Kommunisten aus ist es ein anderes Beispiel kommunistischer Täuschung. Ein Manöver, das dazu vorgesehen ist, den Westen in den Schlaf zu lullen. Terror vermochte die Religion nicht zu entwurzeln – das Blut der Märtyrer war immer schon die Saat der Kirche – also versuchen die Kommunisten einen anderen Ansatz. In einem Artikel der Zeitung „Kommunist" wird Lunatscharski, Autor des Buches „Sozialismus und Religion", mit seiner These zitiert, daß die Verfolgung der Religion kontraproduktiv sei. (Nach siebzig Jahren des Terrors, sind noch immer 70% der Erwachsenen gläubig.) Er befürwortete, daß die Kommunisten eine „Religion ohne Gott" einen „religiösen Atheismus" schaffen sollten.

„Laßt die Christen glauben", lautet das Argument. „Kommunisten werden die Reihen der Christen infiltrieren, und mit ihnen Freundschaft schließen, in dem sie vorgeben, mit ihnen in vielen Punkten ähnliche Ideale zu haben. Sie werden Christen für allgemeine gesellschaftliche Aktivitäten gewinnen und sie dahingehend beeinflussen, daß sie nur eine äußerliche Form der Religion aufrecht erhalten, während sie im Grunde genommen so gottlos wie wir selbst werden."

Dieselbe Situation lag unter Konstantin dem Großen zur Zeit des Römischen Reiches im vierten Jahrhundert vor. Zehn Kaiser hatten Christen dahingeschlachtet. Konstantin machte eine Kehrtwendung, gab ihnen volle Freiheit und machte Christentum zur Staatsreligion.

Unter ihm wurde jedes Kind getauft und zum Christen erklärt. Und so schien das Christentum zu triumphieren – aber es hörte auf, wahrhaft christlich zu sein. Die Führung der Kirche wurde mehr und mehr ein Werkzeug der Kaiser.

In der UdSSR richtete der orthodoxe Patriarch Pimen an Gorbatschov die Botschaft: „Wir möchten unseren tiefsten Dank für ihre Aufmerksamkeit gegenüber den Bedürfnissen der Gläubigen ausdrükken und für alles, was Sie zur Wiederherstellung der leninistischen Normen tun."

Die Normen Lenins schlossen auch die Tötung von Millionen von Christen und die Zerstörung von Kirchen ein.

Kharchev, der Vorsitzende des Rates der sowjetischen Regierung für Religionsfragen, erklärte: „Die Religion durchdringt den Sozialismus nicht zu Fuß, sondern auf Rädern. Und da die Macht der Partei gehört, obliegt es uns, diese Räder in die eine oder andere Richtung, entsprechend unseren Interessen, zu lenken."

Wenige sowjetische Christen sind sich dessen bewußt, daß Gorbatschow und seinesgleichen derselben konstantinischen Straße folgen. Er will der Kirche Freiheit schenken, aber einer Kirche, die nicht wirklich christlich sein wird. Sie wird ebenso ein Ableger des Kommunismus sein, wie sie es für die Zaren war.

Die Medien haben den Eindruck erzeugt, daß der Kommunismus gestürzt worden ist, und daß keine kommunistische Welt mehr existiert. Wenn dies wahr ist, gibt es für unsere Mission keinen Bedarf mehr.

Aber ganz im Gegenteil: der Kommunismus hat volle Macht über ein Drittel der Menschheit einschließlich China (1,1 Milliarden), der UdSSR (280 Millionen), Vietnam, Laos, Kambodscha, Kuba.

In Osteuropa sind zwar kommunistische Regierungen gestürzt worden, nicht jedoch die kommunistische Herrschaft über den Geist der Menschen. Der Marxismus hat die gesamte Bevölkerung mit Angst erfüllt. Die Menschen fürchteten sich davor, zu sagen was sie dachten, sei es am Telefon, auf dem Marktplatz oder im privaten Bereich ihres eigenen Heimes.

Jedermann wurde gezwungen, über alle anderen zu informieren, selbst über Mitglieder seiner eigenen Familie. Priester mußten besondere Beichten der Polizei berichten. Briefe wurden zensiert. Es war gefährlich, einen Ausländer zu treffen. Überall waren Spione der Geheimpolizei.

Öffentlich war jedermann auf seiten der Kommunisten, die stets 99% der Wählerstimmen erhielten, weil es niemand wagte, nach seiner Überzeugung zu wählen. Aber in Wirklichkeit haßten alle die Regierung. Millionen wanderten ins Gefängnis. Viele starben, bevor sie wieder frei kamen. Ihre Verwandten wußten genau, was im Gefängnis vor sich ging. Folter ist in der gesamten Geschichte der Menschheit verwendet worden. Man würde meinen, daß alle Foltermethoden bereits bekannt seien. Aber Kommunisten sind Erneuerer. In dem Wissen, daß wenige Männer freiwillig die Arbeit der Folterer verrichten, und daß die zu Folternden viele sind, fanden sie eine Methode, die Zahl der Folterer zu vermehren. Nicht damit zufrieden, aus den Opfern eine Verleugnung ihrer Überzeugungen und den Verrat der Geheimnisse ihrer Organisation herauszuquetschen, folterten die Kommunisten sie aufs äußerste, bis sie schließlich einwilligten, die Folterknechte ihrer eigenen Brüder im Glauben zu werden.

Das Ergebnis war, daß ein neuer Gefangener, der glaubte, zusammen mit Mitgläubigen in einer Zelle zu sein, nicht von den Beamten der Geheimpolizei, sondern von jenen, denen er vertraut hatte, und mit denen er Gott angebetet hatte, die schlimmsten Schändlichkeiten erleiden mußte. Er war mit ihnen Tag und Nacht zusammen und wurde ohne Unterbrechung gefoltert, bis er schließlich ebenfalls einwilligte, ein Folterer zu werden.

Einige wurden zeitlebens zu Sadisten, andere wurden wahnsinnig.

Alle Nationen sind unter dem Kommunismus traumatisiert worden, nicht nur jene Osteuropas, sondern auch China, Vietnam, Kambodscha, Mozambique, Laos, die Mongolei, etc. Es wird Jahrzehnte brauchen, bis sie sich erholen.

Die Arbeit unserer Mission, die diese Menschen mit dem Wort Gottes versorgt, wird heute mehr denn je benötigt. Diese Pflicht zu vernachlässigen, erzürnt Gott. Sie zu erfüllen, läßt ihn vor Freude singen.

Der Gläubige ist ein Tempel Gottes (1. Korinther 3:16), in dem Jesus wohnt. Er lehrt uns: „Sehet zu, daß Euch nicht jemand verführe", (Matthäus 24:4).

Die Warnung ist angebracht, weil Christen in der freien Welt Gefahr laufen, durch die Veränderungen in der UdSSR getäuscht zu werden. Verteidiger sagen: „Gorbatschow demokratisiert das Land und dehnt die Freiheit aus, so daß Missionen für die kommunistische Welt nicht mehr notwendig sind." Lenin, Gründer des Kommunismus und von Gorbatschow offen zu seinem Mentor erklärt, schrieb: „Millionen von Epidemien und Naturkatastrophen sind dem geringsten Begriff von Gott vorzuziehen. Mit dem Begriff ‚Gott' auch nur zu liebäugeln, ist bereits eine unsagbare Widerwärtigkeit."!

Er schrieb auch: „Je mehr Vertreter der reaktionären Geistlichkeit getötet werden, desto besser."

In ihrem „Kommunistischen Manifest" schrieben Marx und Engels, daß das Ziel des Kommunismus „die Abschaffung aller Religion und aller Moral" sei. Gorbatschow nennt sich selbst einen Kommunisten.

Laßt uns nicht vergessen, daß die Kommunisten in Rußland unter dem Namen „Sozialdemokratische Partei (Bolschewiken)" und in Rumänien unter dem Namen „Nationale Demokratische Front" die Macht ergriffen. Eine Änderung des Namens ist keine Änderung des Herzens.

Castro, Generalsekretär des Weltkirchenrates, schrieb in einem Brief an Gorbatschow: „Christentum und Kommunismus verfolgen dieselben Ziele."

Aber wie steht es mit der Religionsfreiheit, die jetzt existiert?

Der litauische Kardinal Sladkevicius, ehemaliger Gefangener in der UdSSR, schrieb: „Die Faszination für bekannte Persönlichkeiten ist ein großer Fehler. Solche Berühmtheiten können die Menschen blind machen. Seid vorsichtig. Auch Stalin wurde vom Westen applaudiert. Sie bewundern Gorbatschow zu sehr. Niemand, nur Gott, sollte so bewundert werden. Ich fürchte, daß die Veränderungen nicht lange andauern werden. Wir haben eine Einparteienregierung. Es droht Gefahr. Der Stalinismus schläft, aber er ist nicht tot."

Warum so viel Leiden?

Es gibt einen Schmerz, der alle anderen Schmerzen, die Rumänen und Bewohner anderer kommunistischer Länder erdulden müssen, übersteigt, und das ist, nicht zu wissen, warum es diesen Schmerz gibt? Dieser Gedanke lähmt den Geist.

Es wird angenommen, daß in der UdSSR ca. fünfzig Millionen Unschuldige getötet wurden und noch einmal fünfzig Millionen in China. Niemand weiß genau, wieviele es in Rumänien und in anderen Ländern waren.

Eine Person war dafür im Gefängnis, daß er ein Jude war, der andere, weil er ein Antisemit war. Pastoren wurden für die Verbreitung religiöser Propaganda inhaftiert, atheistische Vortragende dafür, daß sie in ihrer antireligiösen Propaganda nicht wirkungsvoll genug waren. Antikommunisten litten neben überzeugten Kommunisten, die mit ihrer Partei wegen der Interpretation irgendeines Grundsatzes der marxistischen Lehre angeeckt waren.

Kommunisten haben früher ganze Familien verurteilt, wenn ein Familienmitglied eine Verfehlung begangen hatte. Ich erinnere mich an einen Vater, der zusammen mit seinen vier Söhnen in meiner Zelle war. Seine Frau und seine Töchter waren in anderen Gefängnissen.

Hungrige, verprügelte Gefangene verzichteten auf die wenigen Stunden Schlaf, die ihnen zugestanden wurden, um endlos Fragen wie „Warum ist dies alles über uns und die Welt gekommen?", „Gibt es einen Gott?", „Wo ist Gott bei all diesem Geschehen? Er soll allmächtig und alliebend sein. Er hätte verhindern können, daß diese Dinge geschehen, oder ihnen zumindest ein Ende setzen. Warum tut er es nicht?" zu diskutieren.

Ein jüdischer Gefangener wurde wahnsinnig. Er wiederholte ständig das eine hebräische Wort: Maduah – Warum? Er sagte: „Ich könnte Bände mit mah (dem was geschieht) füllen, aber niemand kann die Frage Maduah beantworten."

Ich habe niemals auch nur einen Leidenden getroffen, der mit der Erklärung zufrieden war, daß alles Böse – Auschwitz, der Gulag, Piteshti und so weiter – letzten Endes der Tatsache zuzuschreiben ist, daß Adam und Eva die verbotene Frucht aßen. Ihre Sünde wurde von ihren Nachfahren in allen Generationen geerbt. Sie ist sogar in die Natur übergegangen. Lämmer werden von Wölfen gefressen, kleine Fische von großen Fischen, und Kinder werden vor ihren Eltern von kommunistischen Folterern bis aufs Blut geprügelt, damit diese gestehen. Dies alles, weil vor vielen tausend Jahren dies eine Paar etwas Obst gegessen hat. Die Erbsünde ist an allem schuld.

Es mag an der sündigen Natur liegen, die wir als die Nachfahren Adams geerbt haben, daß wir diese Erklärung nicht verstehen können. Tatsache ist aber, daß auch die Bibelfestesten nur vorgeben, sie anzunehmen.

Andere Erklärungen, die ich in diesen Marathon-Diskussionen hörte, und die über Jahre hinweg endlos wiederholt wurden, waren etwa: „Es gibt keinen Gott und daher keinen Sinn." „Es ist die Strafe für unsere eigenen persönlichen Sünden." „Das Leiden ist nicht wirklich, es ist maya. Es gehört zu einer Welt der Täuschung." Keine der Antworten war befriedigend.

Ein Gefangener, der aus Nazi-Lagern entkommen war, in denen er beinahe seine ganze Familie verloren hatte, und der nun unter dem Kommunismus litt, rief in einem Augenblick voller Verzweiflung: „Habe ich nicht genug unter den Nazis und den Roten durchgemacht? Warum muß ich auch noch die Qual erdulden, Euren sinnlosen Erklärungen zuzuhören? Leiden ist schlimm genug. Macht es nicht durch Erklärungen noch schlimmer."

Gläubige, die Gott persönlich kennen, sollten ihm vertrauen, ohne zu fragen. Wir sind immer noch klein und haben keinen Verstand, der die allerletzten Antworten verstehen kann.

Das jüdische Volk, das allgemein als sehr intelligent angesehen wird, hatte den fleischgewordenen Jesus in seiner Mitte. Er sprach zu ihnen in einfacher Sprache, aber sie konnten ihn selbst dann nicht verstehen, wenn er in sehr einfachen Gleichnissen sprach. Auch die Jünger verstanden ihn nur teilweise.

Aber sie glaubten an den unbegreiflichen Jesus. Das ist Glaube. Er ersetzt die Vernunft, die nur einen unendlich kleinen Bereich der Dinge in diesem riesigen Universum erfassen kann. Wir wissen noch immer nicht, was ein Atom ist. Alle paar Jahre wechselt das Bild des Atoms, das uns die Wissenschaft zur Verfügung stellt. Wie können wir dann Gott verstehen?

In dieser Hinsicht lernte ich etwas von meinem Enkel Alex, als er acht Jahre alt war. Wir hatten zuhause Gäste, die in seiner Anwesenheit über höhere Mathematik diskutierten. Ich wußte nicht, wie ich in höflicher Weise darauf hindeuten könnte, daß sie das Thema wechseln sollten, weil es für ein Kind langweilig ist. So fragte ich ihn laut: „Alex, verstehst Du, wovon wir sprechen? Weißt Du, was Logarithmen sind?"

Er antwortete, „Ja, das weiß ich."

Erstaunt fragte ich: „Was sind sie?"

„Logarithmen sind Dinge, von denen ich lernen werde, wenn ich in der Mittelschule bin."

Wie Schulkinder schreiten die Jünger Jesu vom

schlichten menschlichen Dasein zum göttlichen. Sie sind Lernende. Man kann in der Grundschule nicht das erlernen, was auf Universitäten gelehrt wird. Eines Tages „werde ich erkennen, gleich wie ich erkannt bin" (1. Korinther 13:12).

Von allen Erklärungen, die als Antwort zur Frage „Warum so viel Leiden?" gegeben werden, ist die zwingendste einfach: „Wir wissen es nicht."

Eines Tages wird Gott alles in allem sein, was bedeutet, daß er alles in Richard Wurmbrand sein wird. Es wird keinen geben, der fragt, keinen der gefragt wird, und keine Frage. Wir werden ein Geist sein.

Jesus sagte: „Wer überwindet, dem will ich geben, mit mir auf meinem Thron zu sitzen, wie ich überwunden habe und mich gesetzt mit meinem Vater auf seinen Thron", (Offenbarung 3:21).

Irgendwo gibt es einen Thron, von welchem aus die Welten geschaffen und regiert werden. Dies wird auch mein Thron sein. Heute muß ich all das geduldig lernen, was ich im Moment der Inthronisierung benötigen werde. Die Kenntnis des Leidens ist ein Teil des Lehrplanes. Jesus selbst wurde durch Leiden vollkommen.

Manche Theologen wollen sanfter sein als die Bibel. Sie behaupten, daß Gott das Böse nur zuläßt. Jesaja ist da schonungsloser. Nach ihm sagte Gott: „Ich bin der Herr, der ich Frieden gebe und schaffe das Übel" (45:7, laut Grundtext).

Wenn jemand Rennpferde trainiert, legt er nicht nur eine Rennbahn an, sondern auch Hindernisse, die von den Pferden überwunden werden müssen.

Dieser Vergleich mag unangemessen erscheinen, weil wir so schreckliche physische und psychische Foltern überwinden müssen, die vom menschlichen Standpunkt aus gesehen gewaltig erscheinen. Wenn wir am Ende Jesus begegnen, werden wir erkennen, daß unsere Leiden im Vergleich zu dem, was wir erlangt haben, unbedeutend waren. Narben werden eine Zierde sein. Die Verwundeten werden um das, was sie verloren haben, bereichert werden. Die, die getötet wurden, werden überschäumendes Leben haben.

Christen stehen nicht dem Problem des Bösen gegenüber, sondern seiner Herausforderung. Probleme bedrücken einen, Herausforderungen hingegen spornen zu richtigen Taten an.

Die Christen in Rumänien sehen keine Möglichkeit, Probleme zu lösen, aber sie haben gelernt, sie zu übersteigen, sie aus himmlischer Warte zu betrachten.

Es war genug, daß die Kommunisten uns gefoltert haben. Wir entschieden uns, nicht auch noch selbst herbeigeführte Qualen, wie das Philosophieren über das Unbegreifbare, hinzuzufügen. Jede Qual war nur eine Herausforderung, das größte Hindernis zu übersteigen und den Peiniger durch Liebe zu gewinnen.

David war unser Vorbild. Er schrieb in Psalm 9, wie im Titel angedeutet, über den tragischen Tod eines seiner Söhne. Aber er beklagt sich nicht über Gott und sein eigenes Schicksal. Er sagt das, was er bei der Geburt eines Sohnes gesagt hätte: „Ich werde Dich loben, o Herr, mit meinem ganzen Herzen."

Die Bibel sagt uns, daß am Anfang Tohuwabohu war, dunkles, formloses Chaos. Gott, der Geist der Liebe, arbeitete daran mit seinem Plan, ein Königreich unsagbarer Schönheit und Wahrheit zu schaffen. Ich verehre die Kühnheit dieses Unternehmens, seine Beständigkeit angesichts der Schwierigkeiten und seine Bereitschaft, seinen Liebsten für die Erlösung der Kinder des Chaos zu opfern. Psalm 121 sagt uns, daß von ihm Eure Hilfe kommt, nicht Eure Trauer.

Die Legende von Kischagotami

So oft ich in Rumänien mit Fragen über das Leiden, das häufig überwältigend war, konfrontiert wurde, erzählte ich die alte Legende von Kischagotami, einer jungen Frau, deren einziges Kind gestorben war, und die es nicht ertragen konnte, es zu beerdigen. Sie ging von einer Person zur anderen und fragte, wie sie es wieder zum Leben erwecken könne.

Ein Mann sagte zu ihr: „Deine einzige Hoffnung ist der Erlöser. Er hat wundervolle Kraft wie kein anderer."

Sie kniete mit dem toten Kind vor dem Heiland nieder und bat: „Bitte erwecke mein Kind wieder."

Er antwortete: „Gerne, wenn Du mir nur ein wenig Salz bringst."

Nun, Salz war leicht zu erhalten, und so lief sie los. Aber er rief ihr nach: „Das Salz muß aus einem Hause sein, in dem niemand gestorben ist."

„Ist gut, ist gut!" rief sie zurück.

An jedem Tor, wo sie anklopfte, gab man ihr gerne Salz. Aber als sie fragte, ob es in der Familie einen Todesfall gegeben habe, sagte man ihr immer: „Ja, leider. Mein Vater... oder mein Ehegatte... oder mein Kind ist gestorben."

Sie weinte mit jedem, der so eine Antwort gab, weil sie nun wußte, was die Trauer der Hinterbliebenen bedeutete. Sie tröstete sie und fand selbst Trost in der Tröstung anderer. Am Ende kam sie wieder zum Erlöser und sagte: „Ich danke Dir für das, was Du mich gelehrt hast. Ich werde den Körper meines toten Kindes der Erde zurückgeben. Gelobt seist Du, der Du ihm und uns allen ewiges Leben gibst."

Ich habe viele traurige Gesichter aufleuchten gesehen, wenn sie diese Geschichte hörten.

„Warum das Leiden?" ist die falsche Frage. Es gibt keine richtigen Antworten auf falsche Fragen. Welche ist die Melodie eines Pfirsichs? Die Frage ist falsch. Man muß anstatt dessen fragen: „Was kann ich mit meinem Leid Gutes tun? Wie kann ich es verwenden, um anderen gegenüber liebevoller und verständnisvoller zu werden?" Mitgefühl wird ihnen sicher mehr Gutes tun als theologische Erklärungen.

Was den Rest betrifft, so muß man das annehmen, was Jesus zu Petrus gesagt hat: „Was ich tue, kannst du jetzt nicht verstehen, aber Du wirst verstehen, wenn es vorüber ist."

Warum Grausamkeit in der Bibel?

Eine der schwierigsten Fragen, der ich in Rumänien häufig begegnete, war: „Warum befiehlt Gott so viele Grausamkeiten? Er befahl Moses, Josua und anderen, ganze Völker auszurotten und daß auch Kinder geschlachtet, Tiere gelähmt und Bäume gefällt werden müßten. Eine solche Zerstörung übertrifft sogar das, was Stalin und Ceausescu getan haben."

Ich habe diese Fragen auch im Westen gehört, aber selten und nicht mit demselben Nachdruck wie in meinem Heimatland. Die Massenmorde, denen meine Nation unterworfen war, haben die Herzen gegenüber solchen Aussagen der Heiligen Schrift sensibler gemacht.

Daher bin ich gegen das, was heutzutage im Osten vielfach geübt wird: die unterscheidungslose Verteilung von Bibeln an jeden, den wir erreichen können.

Das ist nicht, was Gott ursprünglich wollte. Er gab der Menschheit eine Bibel und eine Kirche mit weisen Lehrern, um sie zu erklären. Wo es keine solchen Lehrer gibt, ist es vorzuziehen, zuerst volksnahe Bücher zu verteilen, die die Hauptbotschaften der Bibel erklären.

Aber nun mußte ich diese schwierige Frage beantworten. Ich zog es vor, eine möglichst einfache Antwort zu geben.

In einem gewissen Sinn entscheiden Verbrecher darüber, welche Waffen die Gewalten von Recht und Ordnung gegen sie verwenden sollen. Die Polizei verwendet keine Schußwaffen gegen Taschendiebe, weil diese keine Schußwaffen haben. Aber sie verwenden Pistolen gegen bewaffnete Räuber. Manche Methoden in einem gerechten Krieg mögen als unmenschlich betrachtet werden, wenn dasselbe Ergebnis auf andere Weise zu erzielen wäre. Gegen Aggressoren, die Panzer und Bomber hatten, mußten Panzer und Bomber eingesetzt werden; sonst wäre das Böse siegreich geblieben.

Gott kann in gewissen Nationen und Gesellschaftsstrukturen das Böse in einer Weise abwägen, wie wir es nicht können. Wenn weitverbreitete anti-amerikanische Gefühle im Westen nicht den Sieg der Vereinigten Staaten in Vietnam verhindert hätten, wäre Kambodscha nicht kommunistisch geworden, und sein Führer Pol Pot hätte nicht zwei Millionen Unschuldige töten können.

Gott allein kennt die Ganzheit eines Menschen einschließlich der Gene, die seinen Charakter bestimmen werden. Jesus sagt von manchen: „Es wäre besser, sie wären nicht geboren worden." Er nennt einige Menschen Teufel und hat ein Recht, sie so zu behandeln, wie Teufel es verdienen, behandelt zu werden.

Seine Entscheidungen und Taten unterliegen nicht unserem Urteil. Wir müssen uns dem seinen unterwerfen.

Lenin, der Gründer des russischen Kommunismus, sagt: „ Wenn Kerensky (russischer Premierminister vor der kommunistischen Machtübernahme) rechtzeitig zwei Dutzend der Führer unserer Partei verhaftet hätte, wären wir niemals an die Macht gekommen." Und Millionen von Unschuldigen wären nicht getötet worden, und der Menschheit wäre ein siebzig Jahre andauerndes Blutbad erspart geblieben.

Ohne Zweifel hätte irgendein Kreuzritter für die Menschenrechte damals Kerensky dafür kritisiert, daß er den Kommunisten ihr „Recht", das Böse vorzubereiten, vorenthalten habe.

Philosophiert nicht über die Bibel, sondern tretet ein in die heilige Nation der Kinder Gottes. Flieht vor jenen, die Gottes Zorn verdienen.

Aber seid aufmerksam. Im Originaltext der Bibel sind keine Punkte und Kommas. Nur in Übersetzungen gibt es einen Punkt nach Ausdrücken wie „Sie töteten" oder „Gott tötete". Es steht geschrieben: „Der Herr tötet und macht lebendig" (1. Samuel 2:6).

Im Himmel werden wir viele treffen, von denen wir dachten, daß sie hingeschlachtet wurden. Lebend und glücklich danken sie Gott, daß er sie von der Ebene heidnischer Unwissenheit auf jene der Kinder Gottes erhoben hat.

Es ist auch gut zu wissen, was die Worte „Gott sagte" in der Bibel bedeuten. Niemand hat den himmlischen Vater gesehen (außer Moses für einen kurzen Augenblick). Wenn biblische Autoren wie auch heutige Gläubige sagen: „Gott sprach zu mir", meinen sie eine innere Stimme. Niemand von uns besteht aus einem Stück. Wir haben das Bewußte, das Unbewußte, verschiedene Neigungen und Impulse und sogar solche, die sich widersprechen. All diese formen sich in unserem Geist zu Stimmen, die uns beraten und zu Taten antreiben. Religiöse Menschen nennen die Stimme, die sie dazu ruft, das zu tun, was sie für die edelste Tat halten, die „Stimme Gottes".

Manchmal haben sie recht. Aber sie können sich auch schrecklich irren. Ayatollah Khomeini, Sektenführer Moon, Joseph Smith, Gründer der Mormonensekte – jeder war sicher, daß das, was er sagte, „Wort Gottes" war.

Jesus ist skeptisch gegenüber einigen Ereignissen im Alten Testament. Es wird dort berichtet, daß der Prophet Elia Feuer auf die Truppen eines bösen Königs herabfallen ließ. Elia war sicher, daß seine Tat den Willen Gottes erfüllte. Als die Jünger Jesu im Vertrauen darauf, daß Elias Tat von Gott inspiriert war, in derselben Weise gegen diejenigen vorgehen wollten, die sich Ihm widersetzten, tadelte Er sie: „Ihr wißt nicht, welchen Geistes Ihr seid." Nicht immer war der Geist einer Persönlichkeit des Alten Testamentes der Geist Gottes, auch wenn er es geglaubt hatte.

Laßt uns die Offenbarung Jesu hochhalten: Gott ist Liebe.

Die Aufgabe, Nationen zu heilen

Der Kommunismus als politische Institution ist in beinahe allen ehemaligen Satellitenstaaten der UdSSR erledigt. In Rumänien kämpft der Kommunismus immer noch um den Erhalt der politischen Macht. Er richtet immer noch viel Schaden an, aber wir können sicher sein, daß es ein Rückzugsgefecht ist. Es ist der verzweifelte Kampf eines geschlagenen Feindes, die letzten Zuckungen einer Schlange, bevor sie stirbt.

Ein Philippino, der mich vor zwanzig Jahren in der Militärakademie von Manila sprechen hörte, und der in bewaffneten Kämpfen gegen marxistische Guerrillas teilnahm, erinnerte mich, daß ich damals etwas gesagt hatte, das, weil es so unerwartet war, einen bleibenden Eindruck bei ihm hinterließ: „In jedem von uns steckt ein kommunistischer Rebell."

Der marxistische Haß gegen Gott kommt letztlich aus der Tiefe des menschlichen Herzens, das sich vom Schöpfer entfremdet hat. Er hat schon immer in der gefallenen Menschheit in einer latenten Form bestanden, aber alle Gesellschaften haben versucht, ihn zu unterdrücken. Der Kommunismus hat den Deckel geöffnet.

Marx schrieb: „Es ist die Seite des Bösen, die Geschichte macht." Ich hörte, wie ein kommunistischer Folterer einmal sagte: „Ich danke Gott, an dessen Existenz ich nicht glaube, daß er mich gerade zu einer solchen Zeit leben läßt, in der ich so viel Böses tun kann, wie ich will, ohne mich vor Bestrafung zu fürchten – ja sogar mit der Versicherung, daß ich dafür belohnt werde."

Der böse Geist ist unter dem Kommunismus aus der Kiste hervorgekrochen, und die Kirche wird jahrzehntelang gegen das Gift des Kommunismus in den menschlichen Herzen zu kämpfen haben: gegen Haß, Neid, Verrat, Gesetzlosigkeit.

In Rumänien gab es, wie in Bulgarien, der Mongolei und Albanien, 1990/91 freie Wahlen. Nach fünfundvierzig Jahren grausamen Terrors errangen die Kommunisten große Siege. Dafür gabe es mehrere ernsthafte Gründe, die ich bereits erwähnt habe. Die Oppositionsparteien plädieren für Freundschaft mit dem Westen. Rumänen sind seit Jahrzehnten gelehrt worden, daß westliche Regierungen Unterdrücker und Ausbeuter seien, und daß ihre Völker hungerten.

Aber der Hauptgrund für den kommunistischen Erfolg lag woanders: Wer wagte es, gegen die Partei zu wählen?

Wenn der Kommunismus die Macht verloren hätte, und die Archive der Geheimpolizei geöffnet worden wären, wären ganze Familien gespalten worden, weil Frauen ihre Männer, Bräute ihren Bräutigam, Kinder ihre Eltern, Pastoren und Priester die Mitglieder ihrer Kirchen und umgekehrt denunziert hatten.

Selbst dort, wo der Übergang vom Kommunismus zu einer freien Gesellschaft am tiefschürfendsten war, wie in Ostdeutschland und in der Tschechoslowakei, sind die Archive der Geheimpolizei nicht veröffentlicht worden. Wenn sie in Rußland oder Rumänien der öffentlichen Untersuchung geöffnet würden, würden diese aufhören, als Nationen zu existieren. Die Menschen könnten einander nicht mehr in die Augen sehen.

Der Pastor einer kleinen Baptistenkirche in Rumänien, die nur vierzig Mitglieder zählte, gestand mir, daß er ein Informant der Geheimpolizei gewesen war, und daß er von fünf Mitgliedern wußte, daß sie es auch sind.

Ich war im Gefängnis mit einem zusammen, der mit seiner Braut einen Streit gehabt hatte. Sie sagte der Polizei, daß er ihr gegenüber antikommunistische Gedanken geäußert habe, und er erhielt zwanzig Jahre Gefängnis.

Die rumänische Nation fühlt sich schuldig. (In den von den Nazis besetzten Ländern war die Zahl der Kollaborateure ebenfalls erheblich, wenn auch nicht so groß, da die Besetzung nur wenige Jahre dauerte und nicht fünfundvierzig wie in Rumänien oder siebzig wie in Rußland.) Tausende wählten die Kommunisten, die sie haßten, weil sie ihre Komplizen gewesen waren. Sie fürchteten sich vor Enthüllungen. Nach Schätzungen war jeder zehnte Erwachsene zumindesten für kurze Zeit ein Informant.

Der Patriarch Theoctist, ein Speichellecker Ceausescus, wurde von unserer orthodoxen Synode zurückberufen, als er nach dem Fall Ceausescus zurücktrat. Die Schuld war unter Einbeziehung der gesamten Priesterschaft eine kollektive gewesen.

Alle rumänischen Schriftsteller hatten nahezu ausnahmslos dem Stolz Ceausescus geschmeichelt und ihn „das größte Genie aller Zeiten" und andere solche Dummheiten genannt. Niemand hat seine Schuld zugegeben. Sie schweigen alle.

Die rumänischen Kirchen haben eine enorme Aufgabe: die Nation zu heilen.

Gottes Kinder lieben

Gott hat in Rumänien wie auch in den anderen osteuropäischen Ländern die Seinen. Viele derjenigen mit einer gesunden Seele starben in der Revolution vom Dezember 1989. Dank ihnen ist Ceausescu gestürzt worden. Es war am Weihnachtsabend – ein Zeichen von Gott. Er wollte keine Weihnachtsfeiern in Rumänien.

Aber andere Tausende leben, und sie haben einen erstaunlichen christlichen Geist.

Am 13. Juli 1990, nur wenige Tage nachdem sogenannte Minenarbeiter, tatsächlich Männer der ehemaligen kommunistischen Geheimpolizei, fünf Menschen getötet, Hunderte verwundet und über tausend friedliche Demonstranten in Bukarest verhaftet hatten, gab es wieder eine Demonstration. Tausende marschierten mit Blumen in der Hand und sangen einen Slogan, der sich auf rumänisch reimt: „Ihr kommt zu uns mit Prügeln und Äxten, aber wir kommen zu Euch mit Blumen."

Die Armee, die ausgeschickt wurde, um die Demonstranten aufzuhalten, wurde mit Blumen beschenkt. Die Soldaten waren überwältigt. Diesmal gab es keine blutigen Vorfälle.

Es war die erste Demonstration, bei der Blumen gegen einen Unterdrücker verwendet wurden. Genau nach der Lehre Jesu: „Beantwortet das Böse mit Gutem."

Das war es, was unsere Mission seit über zwanzig Jahren durch geschriebenes Wort und über das Radio die Rumänen gelehrt hatte. Es war meine Botschaft vom ersten Tag meines Pastorates an, in Freiheit und im Gefängnis, und es war das, was ich bei meiner Rückkehr in Rumänien predigte. Es war der Triumph Christi, aber auch die größte persönliche Befriedigung meines Lebens.

Es ist nicht die einzige geblieben. Der Fluß Prut trennt das Rumänien von Heute von seiner Provinz Bessarabien, die von den Sowjets gestohlen und in Moldavische Republik umbenannt wurde. Am vierzigsten Jahrestag dieses tragischen Ereignisses verwandelten Rumänen von beiden Seiten des Flusses in einer riesigen Demonstration, bei der Menschen Blumen in das Wasser warfen, den Fluß in einen blühenden Teppich.

Ein Volk, das noch solche Gotteskinder hat, wird nicht untergehen. Gott wird unser Trauern in ein Feiern verwandeln. Marx und Lenin, die Betrüger, werden von Jesus, der Wahrheit, besiegt werden.

Aber die wahrhaftige rumänische Kirche braucht, wie die Kirche anderer ehemaliger kommunistischer Länder, Ihre Hilfe.

Gebt ihnen Bibeln und christliche Literatur. Gebt ihnen christliche Lehre durch das Radio. Helft den verarmten Kirchen, ihre Gebetshäuser wieder aufzubauen. Helft ehemaligen Gefangenen, ihr Leben wieder aufzubauen. Und helft uns, Kommunisten zu Christus zu führen.

Wenn Eroberer nicht fähig sind, die Eroberten zu bekehren, sind die Eroberungen nicht vollkommen. Die Alliierten eroberten Deutschland im 1. Weltkrieg, aber sie machten die Deutschen nicht zu ihren Freunden. Und so war die Bühne für den 2. Weltkrieg bereitet.

Kommunisten haben entscheidende Schlachten in Osteuropa verloren. Wenn sie nicht für Christus gewonnen werden oder zumindestens für ein anständiges menschliches Benehmen, wird der Teufel in wenigen Jahren wieder los sein.

Wir müssen auf der Hut sein. Dessen bin ich mir sicher. Viele alte Menschen leben nur davon, Vergangenes aufzuwärmen, was unproduktiv ist. Ich bin nur 82. Ich habe immer noch eine Gegenwart als ein Soldat Christi und eine große Zukunft in Aussicht. Kommt und kämpft mit mir.

WEITERE WURMBRAND BÜCHER BEI STEPHANUS

BRIEFWECHSEL MIT JESUS

Auf's neue ist es Richard Wurmbrand gelungen, Fragen, die jeder Christ hat, aber nicht auszusprechen wagt, verständlich und respektvoll in einem Briefwechsel mit Jesus zu formulieren. Und der Briefschreiber bekommt Antwort!
250 Seiten, Taschenbuch
DM/Sfr. ca. 19,80   **Best.-Nr. B 137**

ATHEISMUS – EIN WEG?

Eine unerschöpfliche Quelle der Beweise der Existenz Gottes, eine Fortsetzung zu „Antwort auf Moskaus Bibel". Wer diese Bücher gelesen hat, versteht, warum Pfr. Wurmbrand schon viele linksgerichtete Jugendliche zum Glauben geführt hat.
224 Seiten, Taschenbuch
DM/Sfr. 16,80   **Best.-Nr. B 117**

EIN BRAND AUS DEM FEUER
– ZITATE –

Hier wurden Zitate aus den zahlreichen Büchern Pfr. Wurmbrands zusammengestellt.
104 Seiten, gebunden
DM/Sfr. 15,80   **Best.-Nr. B 111**

EIN MENSCH IN ZWEI Welten –
Meditationen in Gefangenschaft

„Predigten in Einzelhaft" und Vorträge in Freiheit wurden zu einem Buch erweitert, das uns zwei Welten zeigt und den einen Herrn, an den zu glauben es sich in beiden Welten lohnt.
240 Seiten, Taschenbuch
DM/Sfr. 17,80   **Best.-Nr. B 123**

Sabine Wurmbrand
MIT UND OHNE RICHARD
Das Leben einer Pfarrfrau

Die unglaubliche Geschichte des Lebens und der Gefangenschaft Sabine Wurmbrands. Während ihr Mann 14 Jahre Gefängnis und Verfolgung erlebte, überstand auch sie viele Jahre hoffnungsloser Haftzeit im kommunistischen Rumänien.
352 Seiten, Taschenbuch
DM/Sfr. 14,80   **Best.-Nr. B 007**

SPANNEND AKTUELL !

Sebastian Frei, fliegender Missionar in Brasilien, erlebt die Theologie der Befreiung hautnah!

Auf dem geschichtlich authentischen Hintergrund der Zerstörung irakischer Atommeiler durch israelische Bomber, schildert der Autor ein imaginäres Tauschgeschäft Uran gegen Öl sowie den Tausch der Theologie des Glaubens gegen die Theologie der Revolution im Urwald von Südamerika.

180 Seiten, gebunden mit Schutzumschlag DM/Sfr. 17,80 Best.-Nr. B 137

Der Autor leitet eine internationale Missionsgesellschaft und kennt die Situation in Südamerika aus eigener Erfahrung. Er arbeitet seit Jahren im christlichen Widerstand gegen den Marxismus.

Sein erstes Buch „Flug über die Grenze" behandelt den christlichen Untergrund in der UdSSR.

Stephanus **Edition · 7772 Uhldingen**

NEU BEI

Stephanus Edition

Taschenbuch
160 Seiten
Preis DM 15,80

erscheint III. Quartal

Bestell-Nr. B 170

Vor dem Hintergrund der libanesischen Tragödie erforschte der Autor die Furcht und die Hoffnung der Christen, die im mittleren Osten leben. Er nahm teil an der Notlage vieler Entführten und prüfte den Einfluß des Nachbarn Israel ebenso wie die Qual der Verschleppten.

Dieses Buch entstand in der Zeit, in der Peter Crooks Pfarrer der „All-Saints"-Kirche in Beirut war, wo er auch unter libanesischen Studenten arbeitete. Nach einem weiteren Dienst in Damaskus wurde er 1981 Dekan der St. Georgs Kathedrale in Jerusalem.

NEU BEI STEPHANUS EDITION

„Fühle statt zu denken" – „Laß alles los!" – „Lebe nur im Hier und Jetzt!" – Öffne dich ganz der Gruppe!" Das sind typische Sätze aus einer gruppendynamischen Situation. Kaum einer kennt den Begriff, und doch ist sie fast überall gegenwärtig. Die Gruppendynamik. Neben den Massenmedien die mächtigste Waffe der Manipulation. In Heilstätten und Schulen, in Selbsterfahrungsgruppen und Seminaren, in Ausbildungsprogrammen für Medizin, Wirtschaft und Kirche – überall muß man damit rechnen, auf Gruppendynamik zu stoßen. Was steckt dahinter? Wo liegen die Gefahren? Wie können wir ihnen begegnen? Darauf möchte dieses Buch antworten.

144 Seiten, Preis ca. DM 15,80
ISBN 3-922816-03-7, erscheint III. Quartal
Bestell-Nr. B 169

BEI STEPHANUS EDITION ERSCHIENEN

Ten Su

Diese Geschichte schreibe ich für Ten Su, den chinesischen Bauern, der trotz der erbärmlichen Armut, in der er lebt, seinen Frohmut nicht verloren hat, und der aus seinem Glauben heraus nur einer Aufgabe lebt. Er versucht, seine Hauskirchengemeinde, der er vorsteht, unbeschadet durch die Verfolgungszeit zu bringen. Nachdem ich Ten Su besucht und seine Arbeit kennengelernt habe, ist mir klar geworden, daß der Kommunismus, oder Maoismus, oder Marxismus, oder wie auch immer diese antichristliche Ideologie sich nennen mag, in der chinesischen Untergrundkirche keine Chance hat.

Leider kann ich die dramatischen Umstände, unter denen chinesische Christen ihren Glauben praktizieren müssen, nur in Form einer Geschichte schildern, bei der ich Verräterisches ändern mußte. Aber diese Geschichte zeigt uns, daß die chinesische Kirche lebt. Es ist nicht die Staatskirche, deren Führung zum Teil aus Parteigenossen besteht, sondern es ist die Kirche, die ihre Gottesdienste in Höhlen feiert.

DER MILITÄRMANTEL
von John Marròn

Eine wahre Geschichte aus dem heutigen China
fest gebunden, 62 Seiten bebildert
DM 9,80   Bestell-Nr. B 127